Das Werdenfelser Land

mit Garmisch-Partenkirchen,
Grainau, Mittenwald, Murnau und Oberammergau
Kirsten Dörmann / Marion Golder / Walter Mayr / Ellert & Richter Verlag

Kirsten Dörmann, geb. 1957, studierte Kunstgeschichte und Germanistik in München und Stuttgart. Seit 1984 ist sie als Studienreiseleiterin in vielen Ländern der Welt unterwegs. Als freie Autorin hat sie Reiseführer über Budapest, Wien und Schleswig-Holstein veröffentlicht.

Marion Golder, geb. 1963, studierte Geschichte, Politologie und Romanistik in München, Freiburg und Granada. Sie leitet Studienreisen auf der Iberischen Halbinsel und in Lateinamerika. In München und Umland arbeitet sie als geprüfte Stadtführerin. Seit vielen Jahren ist sie tätig als Reisejournalistin, Buchautorin und Lektorin. Gemeinsam mit Frau Elke Homburg publizierte sie im Ellert & Richter Verlag die Titel „Berchtesgadener Land" und „Chiemgau und Chiemsee".

Walter Mayr, geb. 1945, studierte Fotografie und spezialisierte sich auf Landschafts- und Tierfotos. Er arbeitet für große deutsche Magazine und wurde mit zahlreichen Preisen ausgezeichnet. Im Ellert & Richter Verlag sind von ihm die Titel „Dithmarschen", „Schöne Ostseeküste von Flensburg bis Kiel", „Die Harzreise. Auf Heinrich Heines Spuren" und „Berchtesgadener Land" erschienen.

Titelfoto: Grasseck und das Wettersteingebirge

Bildnachweis:
Alle Fotos: Walter Mayr, Großenrade

außer:

Kurverwaltung Garmisch-Partenkirchen, Foto: Franz Kölbl: S. 20/21
Florian Wagner / Bilderberg, Hamburg: S. 56/57
© Freilichtmuseum Glentleiten, Großweil: S. 90

Karte: ADAC Verlag, München

Die Deutsche Bibliothek – CIP-Einheitsaufnahme

Das Werdenfelser Land / Kirsten Dörmann/Marion Golder/Walter Mayr. – 1. Aufl.. – Hamburg: Ellert und Richter, 2001
(Eine Bildreise)
ISBN 3-89234-900-2

Text und Bildlegenden: Kirsten Dörmann und Marion Golder, München
Gestaltung: Büro Brückner + Partner, Bremen
Lithographie: Litho-Jankowski, Flensburg
Satz: KCS GmbH, Buchholz/Hamburg
Druck: wgb Wiesbadener Graphische Betriebe, Wiesbaden
Bindung: Buchbinderei Büge, Celle

Inhalt

Wie ein Wächter aus alter Zeit steht noch heute auf einer Felskuppe zwischen Farchant und Garmisch die Ruine der um 1181 von Otto I. von Bayern erbauten Burg Werdenfels, die der Region den Namen gab. Ob Werdenfels ein „wehrhaft gebautes Haus" oder „wer erobert den Fels" bedeutete, bleibt im Dunkel der Geschichte.

Das Werdenfelser Land umfaßt heute den Landkreis Garmisch-Partenkirchen, eine mit landschaftlichen Schönheiten und kulturellen Schätzen reich gesegnete Region. Im Schatten von Deutschlands höchstem Berg, der Zugspitze (2964 Meter), liegt die Wintersportmetropole Garmisch-Partenkirchen. Die Passionsspiele und Holzschnitzerei verhalfen Oberammergau zu Weltruhm, die Kunst des Geigenbaus ist das traditionelle Handwerk von Mittenwald. Ludwig II. ließ sich in der Nähe des Klosters Ettal seine Lieblingsresidenz Schloß Linderhof errichten. Licht und Farben der Voralpenlandschaft inspirierten die Künstler des „Blauen Reiters" in Murnau zum Aufbruch in das Abenteuer Abstraktion.

Doch zurück in die Vergangenheit: Die Burg Werdenfels mit ihren Gütern im Loisachgebiet um Garmisch verkaufte der Welfe Schweiker I. von Mindelberg 1249 an den Fürstbischof Konrad von Freising. Nach dem Tode des bayerischen Herzogs Ludwigs des Strengen nutzten die Freisinger Bischöfe die Gunst der Stunde zur Erweiterung ihres Gebietes: 1249 erwarben sie von Berthold III., dem letzten Grafen von Eschenlohe, die Grafschaft Partenkirchen und Mittenwald. Von nun an regierten die Bischöfe von Freising über 500 Jahre lang als Landesfürsten über

ein Gebiet, das die Orte Garmisch, Partenkirchen, Farchant, Grainau, Krün, Wallgau und Mittenwald umfaßte.

„Unter dem Krummstab ist gut leben" hieß es in der „Hochfürstlich Freysingschen Grafschaft Werdenfels", denn die Bewohner genossen unter der bischöflichen Regierung manchen Sonderstatus. Der Großteil des Landes war im Besitz von Bauern und Bürgern, doch Ackerbau und Viehzucht waren nicht allzu ergiebig. Handel und Gewerbe bildeten die Lebensgrundlagen im „Goldenen Landl", besonders nach der Verlegung des Bozener Marktes nach Mittenwald im Jahre 1487. Bis 1679 dauerte die wirtschaftliche Blütezeit, in der Fuhrleute durch den Warentransport reich wurden.

Doch auf Höhen folgten Tiefen: Im 17. Jahrhundert brachten der Dreißigjährige Krieg und die Pest Not und Elend über die Bevölkerung. Zehn Prozent der Oberammergauer fielen 1633 der Epidemie zum Opfer. Die Überlebenden legten daraufhin das Gelübde ab, „die Pasions-Tragedie alle 10 Jahre zu halten", wenn sie verschont würden.

Mit der Säkularisation endete die Herrschaft der Freisinger Fürstbischöfe, 1802 erfolgte die Eingliederung der Grafschaft Werdenfels in das Kurfürstentum Bayern, 1806 in das Königreich Bayern. Aus der Grafschaft wurde das Landgericht Werdenfels.

Seitdem haben sich die Grenzen der Region häufig verändert. 1827 wurden Et-

tal, Ober- und Unterammergau, Oberau, Eschenlohe und Ohlstadt angegliedert, 1913 der Kohlgruber Raum. 1972 erweiterte sich der Landkreis um das gesamte Staffelseegebiet mit Murnau, Bayersoien, Schöffau, Uffing, Aidling bis Groß- und Kleinweil. Heute bezeichnet man mit dem Landkreis Garmisch-Partenkirchen das Werdenfelser Land.

„Nun ging mir eine neue Welt auf" – notierte Johann Wolfgang von Goethe 1786 in seinem Tagebuch im Gasthof „Zur Post" in Mittenwald. Mit diesen Worten hielt der Dichter seine Begeisterung fest, die die prächtige Gebirgswelt des Werdenfelser Landes in ihm auslöste. Goethes ersehntes Ziel war jedoch Italien, so weilte er hier nur kurz. Die vielfältigen Reize der Alpenregion ent-

Vor mehr als 800 Jahren entstand die Burg Werdenfels, die dieser Region Oberbayerns den Namen gab. Heute erinnert nur noch eine Ruine an diesen historisch-denkwürdigen Platz.

Ein beliebtes Ausflugsziel für jung und alt ist die Hörnle Alm. Auf den saftigen Almwiesen grasen hier im Sommer die stämmigen Haflinger, während die Wanderer ihr Picknick und den Panoramablick auf das herrliche oberbayerische Voralpenland genießen.

deckten im 19. Jahrhundert Schriftsteller und Künstler wie Peter von Hess (1792–1871) und Gustav Kraus (1804–1852). Romantisch verklärten sie die Natur in ihren Bildern, in denen die Berge noch höher, die Dörfer noch malerischer erschienen. Voller Enthusiasmus beschrieb Heinrich Noe die Region in seinem *Deutschen Alpenbuch* (um 1880 erschienen), er wurde dadurch zu einem der Geburtshelfer des bayerischen Fremdenverkehrs.

Die Neugierde war geweckt, die ersten Sommerfrischler trafen um die Jahrhundertwende in der Voralpenlandschaft ein. Sprunghaft stieg die Zahl der Gäste mit der Einweihung der neuen Eisenbahnlinie an, die München 1889 mit Garmisch und 1912 mit Mittenwald verband.

Zahlreiche Alpen- und Verschönerungsvereine sprossen wie Pilze aus dem Boden. Ihre Aufgabe sahen sie darin, den Fremdenverkehr zu fördern, indem sie „die Bereisung der Alpen erleichterten", Ortschaften verschönten und Wanderwege ausbauten und markierten. Für die

Kurzweil der Gäste arrangierte man Unterhaltungsabende mit Bauerntheater und Schuhplattlern. Der Markt Murnau ist ein gutes Beispiel für eine gelungene Umsetzung dieser Ideen, nach mehreren Feuersbrünsten im 19. Jahrhundert erhielt Murnau mit farbenfrohen Lüftlmalereien und buntem Blumenschmuck ein neues Gesicht.

Der Fremdenverkehr veränderte nicht nur die Orte, sondern rief auch einen tiefgreifenden Strukturwandel in der traditionell gefügten Gesellschaft und Wirtschaft hervor. Abgeschiedene Gebirgsdörfer entwickelten sich zu den beliebtesten Urlaubsorten Deutschlands. Diese Entwicklung ging nicht immer

Originelle Lüftlmalereien – statt der üblichen Motive aus dem religiösen oder bäuerlichen Leben schmücken Szenen aus dem Märchen Rotkäppchen und der böse Wolf die Fassade des Oberammergauer Hauses.

spurlos an der Natur vorbei, dennoch war und ist man bemüht, Tourismus und Landschaftsschutz in Einklang zu bringen. Dies wissen jedes Jahr Hunderttausende von Feriengästen zu schätzen, die das Werdenfelser Land besuchen.

Zwischen Wetterstein und Karwendel liegt ein Paradies für Wanderer und Naturfreunde. Ein Landschaftsmaler könnte die saftigen Almwiesen und blühenden Berghänge nicht schöner gestalten, als es die Natur selber tat. Spaziergänger nutzen gerne die Wege durch die lieblichen Täler von Isar, Loisach und Ammer. Hier finden sich die vielen schmucken Dörfer des Werdenfelser Landes, die mit ihren barocken Kirchen und den mit Lüftlmalereien verzierten Bauernhäusern zum Verweilen einla-

Eine zünftige Musikprobe auf dem Hörnle. Zwischendurch muß die Kehle ordentlich geölt werden, in Bayern kommt da selbstverständlich nur ein kühles Bier in Frage.

den. Etwas versteckt liegen häufig die ältesten Ortsteile, in denen noch ein Teil der Bevölkerung von der Landwirtschaft lebt. Was auf den ersten Blick idyllisch anmutet, ist für den Bauern ein hart verdientes Brot. In den alten Bauernstuben hat sich die Werdenfelser Wohnkultur erhalten, der Ofen, die Eckbank und der Herrgottswinkel nehmen einen unverzichtbaren Platz ein. Zum abendlichen Plausch, dem „Hoagart'n", treffen sich die Bewohner auf ihren Hausbänken und genießen den Feierabend. Und dann versteht man das Lied vom Loisachtal: „Du magst die ganze Welt ausgehn und findst es nirgendswo soo schön".

Die jahrhundertelange Abgeschiedenheit der Menschen im Werdenfelser Land trug zum Erhalt vieler Sitten und Gebräuche bei. Hart war der Arbeitsalltag der Menschen, so daß Fest- und Feiertage eine willkommene Abwechslung im sonst bescheidenen Dasein bildeten. Ihr musikalisches und künstlerisches Talent können die Werdenfelser bis heute beim Musizieren, Theaterspielen und zur „Fosanacht" unter Beweis stellen. Hoch her geht's während der Faschingszeit, wenn die „Maschkera" auf den Straßen und in den Wirtshäusern von Garmisch-Partenkirchen und Mittenwald ihr Unwesen treiben. Geht das Tragen von Masken auch in die heidnische Vorzeit zurück – man wollte die bösen Dämonen vertreiben –, so waren es die Mittenwalder Geigenbauer, die

Geburtstagsfeier für einen längst Verstorbenen. Die Oberammergauer lassen es sich nicht nehmen, „ihrem" Märchenkönig Ludwig II. jedes Jahr am 24. August, am Vortag seines Geburtstages, mit einem festlichen Fackel- und Musikumzug zu huldigen.

peramentvollen Jodler und Juchzer, ursprünglich ein Ruf der Hirten auf den einsam gelegenen Almen, untermalen den bayerischen Volkstanz. Kräftig geplattelt wird auch in Seehausen am Staffelsee beim Seefest an Mariä Himmelfahrt, der eigentliche Höhepunkt ist jedoch das Fischerstechen auf dem See. Im Festkalender der Seehausener ragt besonders die Bootsprozession an Fronleichnam heraus, die mittlerweile die einzige in ganz Oberbayern ist.

Jedes Jahr, am 6. November, findet die traditionelle Wallfahrt zu Ehren des hl. Leonhards, des Schutzpatrons der Pferde, statt. Mit über 200 Pferden und festlich bunt geschmückten Wägen reiten und fahren die Bauern sowie Freizeitreiter aus Murnau und Umgebung nach Froschhausen.

In Oberammergau feiert man am 24. August den Geburtstag des Märchenkönigs Ludwigs II. Ihm zu Ehren wird eine große, hölzerne Krone auf dem Kofel angezündet. Dieser Brauch ist im königstreuen Bayern weit verbreitet, auch andere Gemeinden entfachen Gipfelfeuer an diesem Datum zu Ehren des Monarchen.

Alle diese Festlichkeiten sind Ausdruck der Heimatverbundenheit und Lebensfreude der Werdenfelser. Auch das gesellige Beisammensein kommt nicht zu kurz, und richtig gemütlich wird's im Gasthaus oder im Bierzelt bei Blasmusik, einer Maß Bier und deftigen bayerischen Schmankerln.

das Maskenschnitzen zu einer wahren Volkskunst erhoben. Zu den ältesten Maskentypen zählen die „Schellenrührer", die mit großen Glocken auf dem Rücken den Winter vertreiben. Eine schwarze Nase kann man sich am „ruaßigen Freitag" holen, wenn die Maschkera jedem mit geschwärzten Fingern das Gesicht „anrußen", Schmalzgebackenes ißt man am „schmalzigen Samstag", bis das närrische Treiben am „Fosnachtssunnta" seinen Höhepunkt erreicht. Und wer am Faschingsdienstag um Mitternacht nicht die Maske abnimmt, dem wächst sie am Gesicht fest …

Die Pflege des heimischen Brauchtums ist das Anliegen der Trachtenvereine, deren Heimat- und Festwochen sich großer Beliebtheit erfreuen. Trachtenumzüge mit Musikkapellen und Festwagen sowie musikalische und tänzerische Darbietungen der Trachtengruppen tragen zum Erhalt der Volksbräuche bei. Beim „Alten Tanz" werden wie vor 200 Jahren im Werdenfelser Land der knielange Bratenrock und der schwarze Rock mit Kittelmieder getragen, während der Schuhplattler in kurzer Lederhose mit gestickten Hosenträgern, Wadlstrümpfen und Hüten mit Gamsbärten vorgeführt wird. Die tem-

D

ie Zugspitze – 30 Millionen Jahre lang eine unberührte Bergwelt, bis 1820 der erste Mensch seinen Fuß auf Deutschlands höchsten Gipfel setzte. Heute ist der 2964 m hohe Felsen für jedermann bequem zu „bezwingen": In wenigen Minuten befördern die Bergbahnen ihre Fahrgäste hinauf zum Zugspitzplatt. Wer nicht ganz so hoch hinaus will, dem bieten sich auch zu Füßen der Berge herrliche Spazierwege.

2005
2006

za 2x

T ausendundeine Nacht hoch auf dem Schachen: auf 1866 m realisierte König Ludwig II. seinen Traum, ein Jagdschloß mit maurischem Salon, das der König mit einem Ponywagen erreichte. Besuchern, die heute den herrlichen Rundblick auf die Gebirgsketten genießen möchten, bleibt der fünfstündige Aufstieg von Partenkirchen allerdings nicht erspart.

H och
her geht es auf dem Trach-
tenfest in Polling. Nach
dem Trachtenumzug kön-
nen die Musikanten ihre
Instrumente und die Hüte
mit den stattlichen Gams-
bärten zur Seite legen. Im
Festzelt rücken sie in einer
fröhlichen Runde näher
zusammen und lassen sich
jetzt die verdiente kühle
Maß schmecken.

D

er Reiz
des Goldenen Landls liegt
in seiner kontrastreichen
Natur: grüne Täler, saftige
Almwiesen im Wechsel mit
schroffer Gebirgswelt. Für
den Wanderer ist es ein
idyllischer Anblick, für die
Bauern jedoch harter Ar-
beitsalltag. Häufig ist der
Einsatz von Maschinen
nicht möglich, so müssen
immer noch viele Arbeiten
auf dem Feld von Hand
ausgeführt werden.

Einzig-
artig im Werdenfelser
Land: die Bootsprozession
auf dem Staffelsee an Fronleichnam! Ausgehend von
dem kleinen Dorf Seehau-
sen ziehen zahlreiche festlich geschmückte Boote
zur Insel Wörth, dem
größten Eiland des Sees,
auf dem eine feierliche
Messe abgehalten wird.

Ein Wintermärchen – Garmisch-Partenkirchen unter der weißen Pracht: Ein unvergleichlicher Zauber liegt über der Natur und dem Ort.

Jetzt erobern die Freunde des Wintersports Deutschlands beliebtestes Paradies für Skilauf, Langlauf und Eissport. Der Vielfalt der sportlichen Aktivitäten sind keinerlei Grenzen gesetzt. Besuchermagnet sind die Internationalen Sportveranstaltungen, das Neujahrsspringen und die Weltcupskirennen, die alljährlich in Garmisch-Partenkirchen ausgetragen werden.

Garmisch-Partenkirchen ist das Herz des Werdenfelser Landes. Überragt von Deutschlands höchstem Berg, der 2964 Meter hohen Zugspitze, liegt der viel besuchte Ferienort inmitten eines weiten Talkessels am Zusammenfluß von Loisach und Partnach. Grandios ist das Garmisch-Partenkirchen umgebende Gebirgspanorama von Ammer- und Estergebirge und dem Wettersteinmassiv.

Stille herrschte in diesem Winkel des Werdenfelser Landes, als noch kein Lokomotivenpfiff die Bergluft durchschnitt. Um so beschwerlicher war lange Zeit die Fahrt für die Reisenden nach Garmisch und Partenkirchen, denn noch 1888 endete die Eisenbahnstrecke in Murnau. Hier stieg man in den Pferdewagen um oder machte sich zu Fuß auf den Weg. Mit der Ruhe ist es längst vorbei, sommers wie winters quälen sich endlose Autoschlangen über die 1936 erbaute Olympiastraße nach Garmisch-Partenkirchen. Doch bis heute ist die Faszination, die die Landschaft auf die Besucher ausübt, ungebrochen.

Der Weg führt durch das zwischen Ammer- und Estergebirge eingebettete Loisachtal, vorbei an grünen Wiesen mit Heustadln und friedlich grasenden Kühen. Und jeder wird bestätigen, daß „der Herrgott einen ganz besonders guten Tag gehabt hat, als er das Werdenfelser Land erschuf", wenn er Garmisch-Partenkirchen erreicht und sich der Blick auf das imposante Wettersteingebirge öffnet.

Die Zugspitze ist ein gewaltiges Felsmassiv, das vor ca. 30 Millionen Jahren entstand. Vor der Entdeckung für den Wintersport, als Aussichts- und Sonnenplattform, war es eine von Menschen unberührte Bergwelt. Kein Einheimischer wagte sich auf den mächtigen Gipfel, denn man fürchtete den bösen „Zuggeist", einen Geier, der den Zugspitz bewachte und jeden mit dem Tode bedrohte, der sich ihm näherte. So kam es, daß ein Tiroler, Joseph Naus, Leutnant im bayerischen Heer, als erster Bezwinger des „Zugspitz" – erst 1840 taufte ein Kartograph den Berg auf den Namen „die Zugspitze" – in die Geschichte einging. Naus trieben nicht etwa bergsteigerische Ambitionen in die Höhe, sondern ein Auftrag zur Alpenvermessung im Dienste Königs Max I. Joseph.

Nur mit Bergstock und Steigeisen ausgerüstet, machte sich Naus am 26. August 1820 in Begleitung zweier Offiziere und eines Einheimischen auf den Weg. Nach einer Übernachtung in einer Hütte, in der Flöhe ihr Unwesen trieben, erreichten sie am nächsten Morgen die 2710 Meter hohe Schneefernerscharte. Vor ihnen standen die fast pfeilgerade in die Höhe ragenden Spitzen ... Hier gaben die Kameraden von Naus auf: „Der Zugspitz läßt sich einfach nicht packen"; Naus und der Partenkirchener Deuschl aber setzten unbeirrt den Aufstieg fort. Naus' Tagebuch läßt uns an dieser Pionierleistung teilhaben: „Nach eindreiviertel Stunden erreichten ... wir die höchste Spitze des noch von keinem Menschen bestiegenen, so verschrienen Zugspitzes. Mangel an Zeit und Material verhinderte uns, eine Pyramide zu errichten. Nur ein kurzer Bergstock mit einem rothen Sacktuch daran befestigt, dient zum Beweis, daß wir dagewesen. Nach fünf Minuten wurden wir von einem Donnerwetter, mit Schauer und Schneegestöber begleitet, begrüßt und mußten unter größten Gefahren die Höhe verlassen." Am späten Abend erreichte die Expedition „ganz ermüdet und entkräftet" Partenkirchen.

Dort nahm man das Ereignis kaum zur Kenntnis, den für unbezwingbar gehaltenen Zugspitz konnte wohl kaum ein Ortsfremder erobert haben. Wer den Spuren des Joseph Naus folgen möchte,

Die Schweißtropfen haben sich gelohnt: Kletterer auf der Zugspitze können sich rühmen, Deutschlands höchsten Gipfel erklommen zu haben.

dem stehen zwei Wege offen: durch die Partnachklamm und das Reintal benötigt man ca. neun Stunden zum Gipfel; nur für perfekte Kletterer empfiehlt sich der siebenstündige Weg durch das Höllental – ausgerüstet mit Klettersteigset, Steigeisen und Verpflegung muß auf diesem Weg auch ein geübter Bergsteiger manche Bewährungsprobe bestehen. Leichtsinn fordert jedes Jahr ein, zwei Todesopfer, daher sollte man sich lieber einem der 40 Bergführer des Werdenfelser Landes anvertrauen.

Bequemer geht's hinauf mit einer der Bergbahnen: Den Anfang zur Erschließung der bisher unberührten Bergwelt machte die Tiroler Zugspitzbahn, die

1926 mit einer Seilschwebebahn von Ehrwald in 16 Minuten ihre Gäste in die Höhe emporhob. Nun wollten auch die Bayern dem Beispiel der Nachbarn folgen, „Männer macht Meter!" war die Losung für den Bau der Zahnradbahn, deren Ankunft am Schneefernerhaus 1930 gefeiert werden konnte. Eine technische Glanzleistung, wie man Erde und Fels bewegte, um den viereinhalb Kilometer langen Tunnel durch den Berg zu treiben! In Rekordzeit von nur zwei Jahren hatten 1500 Arbeiter unter härtesten Bedingungen das Projekt fertiggestellt.

Zehn Minuten nur braucht die 1962 in Betrieb genommene Eibseeschwebebahn, noch übertroffen von der Tiroler Zugspitzbahn, die seit einem Umbau die Fahrtzeit auf neun Minuten verkürzt hat. Sonn-Alpin nennt sich das neue Verkehrs-, Ski- und Servicezentrum auf dem Zugspitzplatt, das der jährlich steigenden Zahl der Fahrgäste gerecht wird. 1987 konnte der Rosi-Tunnel, eine 975 Meter lange Tunneltrasse zum neuen unterirdischen Glet-

scherbahnhof eröffnet werden; Tunnelpatin ist die dreifache Olympiasiegerin Rosi Mittermaier.

Verkündet der Wetterdienst einen sonnigen Tag, empfiehlt sich die „Zugspitz-Rundreise": mit der Zahnradbahn hinauf in das ewige Eis des Schneefernergletschers auf dem Zugspitzplatt, auf der Sonnenterrasse des Sonn-Alpin kräftig die reine Alpenluft einatmen und dann mit der Gletscherbahn hinauf

Schon lange ist die Zugspitze kein schwindelerregendes Ziel mehr. Bereits seit 1930 befördert die Zahnradbahn von Garmisch-Partenkirchen ihre Fahrgäste zum „Top of Germany".

Die 11/10.05

zum höchsten Gipfel Deutschlands auf 2964 Meter. Die Aussichtsplattform bietet einen grandiosen Panoramablick. Kunst über den Wolken präsentiert der lichtdurchflutete Kunstraum, eine Ausstellungshalle mit einem ganz besonderem Flair. Nach dem Genuß der faszinierenden Bergwelt geht's mit der Eibseeschwebebahn zurück ins Tal. Wer nicht ganz so hoch hinaus will, den

Grandios und abwechslungsreich ist das Panorama während der Fahrt mit der Eibseeschwebebahn: von Deutschlands höchstem Gipfel, der Zugspitze, geht's hinunter zu einem der malerischsten Bergseen des Werdenfelser Landes.

Die 19/10 05

bringen die Bergbahnen auf Wank, Eckbauer, Hausberg und Kreuzeck. Oben erwarten den Ausflügler herrliche Rundblicke und Wandermöglichkeiten.

Doch kehren wir nach diesen Höhenflügen zurück ins Tal: Garmisch-Partenkirchen ist nicht erst seit der Austragung der IV. Olympischen Winterspiele von 1936 Deutschlands bedeutendste Wintersportmetropole. Die ersten Skifahrer sichtete man 1895, Mitglieder des Münchner Schneeschuhvereins, die als Vorläufer der heutigen Brettlfans die Pisten unsicher machten. Den Wintersportlern steht heute ein breitgefächertes Angebot von Skiabfahrten aller Schwierigkeitsgrade offen. Bis ins Frühjahr hinein wedeln Skifahrer ins „Weiße Tal" auf dem Zugspitzplatt, dem höchstgelegenen und schneesichersten Skigebiet Deutschlands.

Schon um 1800 drehte Alois Bader aus Partenkirchen „unter atemlosen Staunen des ungläubigen Publikums" auf dem Eis seine Kreise, heute üben zukünftige Eislaufprinzessinnen im 1995 vergrößerten Olympia-Eissportzentrum.

1920 wurde der SC Riessersee gegründet, der wiederholt die Deutschen Eishockeymeisterschaften gewann. Als Austragungsort von Sportveranstaltungen internationalen Ranges ist Garmisch-Partenkirchen bekannt, beim alljährlichen Neujahrsspringen auf der Großen Olympiaschanze im Rahmen der Vierschanzentournee und beim alpinen Weltcup-Skirennen messen sich Spitzensportler aus aller Welt.

Garmisch-Partenkirchen: für den Ortsfremden eine Marktgemeinde mit Bindestrich, der jedoch allzu leicht über die tiefe Kluft, die einst zwischen den beiden Gemeinden herrschte, hinwegtäuscht. Ältere Einheimische aber erzählen, daß früher ein Polizist mit Säbel den Festzug von Garmisch nach Partenkirchen begleitete, denn es ging „hinüber ins Feindesland". Und ein Radler

aus Partenkirchen, dessen Reifen in Garmisch die Luft verloren hatte, soll das Rad lieber bis Partenkirchen geschoben haben, als den Schaden „mit Garmischer Luft" zu beheben. Den Grund für diese Feindschaft kann man in den Geschichtsannalen finden, denn jahrhundertelang gingen die Nachbargemeinden getrennte Wege.

Als eine Station an der Heerstraße der Römer, die von Italien über den Brenner nach Norden führte, entstand im 2. Jahrhundert n. Chr. Parthanum, das heutige

Hoch droben auf der Zugspitze lebte vor 100 Jahren nur der Wetterwart wochenlang in der Bergeinsamkeit. Haben heutzutage die Skiläufer und Sonnenanbeter den Gipfel verlassen, hat der Meteorologe die Zugspitze wieder für sich alleine und kann seine vielfältigen Aufgaben wahrnehmen, unter anderem mißt er die Temperatur, den Luftdruck und den Wind.

Partenkirchen. Auch die mittelalterliche Rottstraße, die Handelsstraße zwischen Italien und Deutschland, führte durch den Warenumschlagplatz Partenkirchen. Die Bewohner des „Goldenen Landls" verdienten sich als Fuhrleute eine ebensolche Nase. Den Garmischern hingegen, die ihre Herkunft von dem erstmals um 802 erwähnten germanischen Germareskove ableiten, blieb der Profit am Handel versagt, sie fristeten ein kärgliches Dasein als Bauern und Flößer.

Mit der Erschließung neuer Handelswege im 17. Jahrhundert endete die wirtschaftliche Blütezeit Partenkirchens. Noch vor 150 Jahren waren sowohl Garmisch als auch Partenkirchen armselige Bergdörfer. Die Wende kam mit der Eisenbahn, die 1889 Garmisch erreichte – und jetzt mußte Partenkirchen zusehen, wie der ehemals benachteiligte Ort sich schnell zu einem beliebten Ferienort mauserte.

Doch wie kam es zur Vereinigung zweier Dörfer, die sich doch nie so recht grün waren? Hier schlägt man ein dunkles Kapitel der Geschichte auf, denn freiwillig vollzogen die Menschen unter Kramer und Wank diesen Schritt nicht. Im Hinblick auf die Durchführung der Olympischen Winterspiele 1936 forderte die NSDAP die Zusammenlegung von Garmisch und Partenkirchen, unter Androhung der Verhaftung und Einlieferung ins KZ mußten die beiden Bürgermeister zwangsweise der Vereinigung zur Marktgemeinde Garmisch-Partenkirchen am 1.1.1935 zustimmen.

Partenkirchen hat sich seinen dörflichen Charakter bis heute bewahrt. Sein Mittelpunkt, die „Historische Ludwigstraße", präsentiert sich prachtvoll. Trotz des großen Brandes von 1865, der 76 Häuser vernichtete, reihen sich hier Sehenswürdigkeiten, traditionelle Gaststätten und alteingesessene Geschäfte aneinander.

Das „Alte Haus" Nr. 8 macht seinem Namen alle Ehre, datiert es doch noch teilweise aus der Zeit Friedrich Barbarossas. Von Bränden verschont, zeugt es von der ursprünglichen Bauweise: das Dach ist mit Schindeln gedeckt, ganz aus Holz sind die Außen- und Innenwände des Obergeschosses. Seinen malerischen traditionellen Ausbau erhielt das Haus 1922 durch Heinrich Bickel, einen einheimischen Lüftlmaler, der auch die Putzwände gestaltete. Den Erhalt dieses Schmuckstücks der Ludwigstraße sicherte eine Restaurierung 1933. Hoch hält man in Partenkirchen die

Bei Spaziergängen rund um Garmisch-Partenkirchen genießen Naturfreunde die beeindruckende Landschaft. Immer wieder bieten sich herrliche Blicke auf den Ort und sein Bergpanorama.

D020|10.05

Pflege des Brauchtums, so erfreuen sich besonders bei ausländischen Gästen die bayerischen Abende mit Schuhplattlern, Jodlern und Gesangseinlagen im „Gasthof Fraundorfer" großer Beliebtheit.

2005

Eine Stätte altbayerischer Volkskunst ist das Bauerntheater, seine Gründung im Jahre 1892 entsprang der Freude am Theaterspiel nach einem harten Arbeitsalltag. Mit viel Idealismus gelingt es den Laienschauspielern, ihrem Publikum die bodenständigen Theaterstücke nahezubringen.

Kultur und Geschichte der Grafschaft Werdenfels vermitteln die Bestände des Heimatmuseums, das in einem ehemaligen Handelshaus des 17. Jahrhunderts untergebracht ist. Kirchliche Plastik und religiöse Volkskunst, Bauernstuben und eine reichhaltige Trachtensammlung veranschaulichen das Leben der Menschen. Den Spuren der ersten Gipfelstürmer kann man im „Zugspitzraum" folgen, hier hat auch das 1851 auf der Zugspitze aufgestellte Gipfelkreuz seinen neuen Standort gefunden.

Durch die Ballengasse Richtung Floriansplatz taucht man nach einigen Metern in eine bäuerliche Idylle ein. Hier soll die Statue des hl. Florian den Ort vor weiteren Feuersbrünsten schützen. Vor den schmucken Bauernhäusern in der Faukenstraße laden Holzbänke mit Figuren von „Weiberl und Mannderl" zum Verweilen ein. Gemütlich ist's hier, und der Städter kann die Hektik des Alltags eine Weile vergessen.

Ein Spaziergang, vorbei an den 14 Stationen des Kreuzwegs, führt zur Wallfahrtskirche St. Anton empor, einen barockem Juwel am Westhang des Wank. Unterwegs bieten sich herrliche Ausblicke über das Tal zum Zugspitzmassiv hin. Zum Dank für die Bewahrung in Kriegsnöten stifteten Partenkirchner Bürger dem hl. Antonius 1708 das Kirchlein, das der Wessobrunner Baumeister Joseph Schmuzer (1683–1752)

1736 um einen Ovalraum mit Kapellen erweiterte. Irdisches und Himmlisches, Malerei und Scheinarchitektur vereint das großartige Kuppelfresko des Johann Evangelist Holzer (1709–1740). Mit seiner Darstellung des „hl. Antonius als Fürsprecher in allen Nöten" verleiht der geniale Künstler dem Raum eine Weite und Höhe, die alle Grenzen zu sprengen scheint. Hier bezaubern die vollendete Kunst der Perspektive ebenso wie der Rausch und Glanz der Farbenwelt.

Städtischer präsentiert sich dagegen das Zentrum von Garmisch. Am Richard-Strauss-Platz liegen Kongreßzentrum und Kurpark, in dem die Gäste zur Kaffeestunde mit Kurkonzerten unterhalten werden. Seit Garmisch-Partenkirchen 1935 zum Kurort wurde, floriert hier der Kurbetrieb.

Die umliegenden Geschäfte scheinen es beinahe zu erdrücken: das Polznkasparhaus, ein altes Bauernhaus von 1595. Dank einer liebevollen Restaurierung, die die ursprüngliche Bausubstanz bewahrte, kann es heute als Bücherei genutzt werden. Weit über die Dächer ragt der Zwiebelturm der Neuen Pfarrkirche St. Martin. Als Ersatz für die zu klein gewordene Alte Pfarrkirche erbaute Joseph Schmuzer von 1730 bis 1734 die Rokokokirche mit dem für ihn typischen mächtigen, breiten Langhaus. Das Tonnengewölbe des hellbelichteten Raumes zieren Fresken des Matthäus Günther, die das „Leben des hl. Martin" erzählen. Besonders ausdrucksvoll und lebensnah sind die Hochaltarfiguren Petrus und Paulus von Anton Sturm, man meint das Rascheln der Falten zu hören und folgt atemlos den himmelwärts gerichteten Blicken. Die Pracht des Raumes soll den Gottesdienstbesucher die Freuden des Himmels erahnen lassen.

Allzeit belebt ist der Marienplatz, hier trifft sich die Jugend, und die Touristen genießen die ersten Sonnenstrahlen auf den Caféterrassen. Nur ein paar Schritte sind es bis in den ältesten Teil von Garmisch. Über den Schneggensteg, eine hölzerne Brücke, die die Loisach überspannt, erreicht man die Frühlingsstraße mit ihren alten Bauernhäusern, deren Balkone reich mit Blumen geschmückt sind.

Markanter Punkt ist der spitzgiebelige Turm der Alten Kirche von Garmisch. Der schlichte Außenbau deutet auf eine ehemals romanische Kirche, die um die Wende vom 13. zum 14. Jahrhundert im gotischen Stil erweitert wurde. Beachtlich sind die Malereien im Innenraum: neben einem „Jüngsten Gericht" und einem „Passionszyklus" nimmt die Kolossalfigur des hl. Christopherus die ganze Höhe der Kirche ein.

Nach einem Ortsrundgang schmecken eine Maß Bier und ein Schweinsbraten in der Traditionsgaststätte „Zum Husaren". Vor der Einkehr lohnt ein Blick auf die Fassade: aus einem Scheinfenster mit Butzenscheiben und Empiredekor blicken ein pfeifenrauchender Husar mit Tschako und ein Dragoner mit Dreispitz. Die beiden Offiziere erinnern an die österreichische Einquartierung um 1800, während der der Hauseigentümer geflohen war.

Ein kultureller Leckerbissen für Musikfreunde sind die „Richard-Strauss-Tage". Mit einer hochkarätig besetzten Konzertreihe erinnert Garmisch jedes Jahr an seinen berühmtesten Ehrenbürger. Seit 1907 hielt sich der Komponist immer wieder in seiner Villa unter dem Kramer auf, in der er 1949 starb. Nicht weniger prominent sind die Schauspieler, die Cordula Trantow 1999 zum Theatersommer nach Garmisch-Partenkirchen verpflichten konnte. Namen wie Johannes Heesters und Senta Berger sprechen für sich; bleibt zu hoffen, daß dieses Festival ein fester Bestandteil des kulturellen Lebens werden wird.

Ein wahres Paradies für Wanderfreunde ist die Umgebung von Garmisch-Partenkirchen. Von besonderem Reiz sind die malerischen Seen: Riessersee, Badersee und Eibsee. Ob ein gemütlicher Spaziergang auf dem Kramerplateauweg, ein Besuch der wildromantischen Partnachklamm oder ein Aufstieg auf den 1780 Meter hoch gelegenen Wank: die Schönheit der Natur ist allgegenwärtig und zieht jeden Besucher in ihren Bann!

Stattlich präsentiert sich die „Historische" Ludwigstraße, die Prachtstraße von Partenkirchen. Noch heute erinnert das Straßenbild an Partenkirchens einstige Bedeutung als Handelsort.

V iele Gipfelstürmer wagen den Weg durch die „Hölle“: der Aufstieg durch das Höllental ist die schönste, aber auch gefährlichste Route hinauf zur Zugspitze. Muntert der Bergführer auch auf: „Ist das Bergerl noch so steil, a bisserl was geht allerweil“ – beim Einstieg in die Höllentalklamm zeigt sich, wer schwindelfrei und trittsicher ist. Ein Traum vieler Bergsteiger, den mächtigen Felsen zu bezwingen!

G

armisch-Partenkirchen, malerisch gelegen im weiten Tal zwischen Karwendel und Wetterstein. Aus zwei armseligen Bergdörfern, 1935 zu einer Marktgemeinde vereinigt, ist längst einer der beliebtesten Ferienorte Oberbayerns geworden. Wandern und Wintersport, Kultur und Shopping: Garmisch-Partenkirchen nennt sich zu Recht das „Herz des Werdenfelser Landes".

Dré 11/10
+
Do 20/10.05

+2006

E in malerischer Spazierweg führt rund um den höchstgelegenen Badesee Deutschlands, den Eibsee. Zu Füßen der Felswände der Zugspitze und des Waxensteinkamms besticht die Landschaft um den Bergsee durch einen außergewöhnlichen Formenreichtum, Folge eines prähistorischen Bergsturzes. Viel besucht sommers wie winters zum Baden, Rudern, Tauchen und Eislaufen ermöglicht der einstündige Rundweg noch einige stille Momente in einem landschaftlichen Paradies.

herlich 2006

Oberhalb von Garmisch liegt der Rießersee, ein romantisches Fleckchen Erde im Schatten der Waxensteine, deren Gipfel sich im See spiegeln. Der Blick auf die eindrucksvolle Gebirgswand und den See läßt sich am besten vom gemütlichen Café-Restaurant am Ufer des Sees genießen. Ein angenehmer Weg führt rund um den See, unterwegs laden zahlreiche Bänke zum Verweilen ein.

E in eindrucksvolles Naturschauspiel bietet die Partnachklamm: durch eine 700 m lange Schlucht bahnt sich die Partnach ihren Weg vorbei an bis zu 80 m senkrecht in die Höhe ragenden Felswänden, bis sie schließlich bei Garmisch-Partenkirchen in die Loisach mündet. Gletscher und ihre Schmelzwässer haben derartige Klammbildungen von wildromantischem Reiz geschaffen, Menschenhand ist es zu verdanken, daß die Partnachklamm seit 1912 voll erschlossen ist.

Die Spuren der Malervereinigung „Der Blaue Reiter" führen von München nach Murnau am Staffelsee. Eine Zugstunde von München in Richtung Süden findet sich das schmucke Städtchen Murnau im oberbayerischen Voralpenland. Ludwig der Bayer erhob den Ort an der mittelalterlichen Rottstraße 1322 zum Markt, um ihn kurz darauf in die Obhut des von ihm gegründeten Klosters Ettal zu geben. Bis zur Säkularisation saßen die Ettaler Pfleger im Murnauer Schloß und sprachen Recht, was den Murnauern mitunter gar nicht schmeckte. Zahlreiche Brände im 19. Jahrhundert ließen nicht mehr viel von der alten Bausubstanz übrig. Unter der Regie des Münchner Architekten Emanuel von Seidl wurde die Ortschaft 1906 mit bunten Fassadenmalereien, Gewerbeschildern und Blumenschmuck einer Verschönerungskur unterzogen. Mit Erfolg: Immer mehr Sommerfrischler fanden den Weg nach Murnau, viele richteten sich dauerhaft im Ort und in seiner Umgebung ein, davon zeugen noch heute die vielen schönen Landhausvillen. Zusehends in Mode kam auch das Kuren, Murnau verwöhnte damals wie heute seine Kurgäste mit wohltuenden Moorbädern. Auf der Suche nach neuen Inspirationen zog es auch etliche Münchner Künstler aus der Stadt hinaus aufs Land. Der Präsenz der avantgardistischen Künstlergruppe „Der Blaue Reiter" verdankt es Murnau, in die Annalen der Kunstgeschichte eingegangen zu sein.

Zu den ersten, die Murnau und seine grandiose Landschaft für sich entdeckten, zählten damals Gabriele Münter und Wassily Kandinsky. 1909 erwarb die Künstlerin für sich und ihren russischen Lebensgefährten ein Haus in der Kottmüllerallee, das bald unter den Einwohnern als das „Russenhaus" bekannt wurde. Häufig zu Gast waren die Münchner Freunde Alexej von Jawlensky und Marianne von Werefkin, gemeinsam entwickelten sie neue, bahnbrechende Techniken, sie trennten sich von der „spätimpressionistischen" Spachteltechnik und bewegten sich weg vom Gegenständlichen hin in eine ganz neue Richtung – in die Abstraktion. „Ich habe da nach einer kurzen Zeit der Qual einen großen Sprung gemacht – vom Naturabmalen – mehr oder weniger impressionistisch – zum Fühlen eines Inhaltes – zum Geben eines Abstrakts." So beschrieb Gabriele Münter ihren Aufbruch zu neuen Ufern. Auf der Suche nach Motiven begaben sich die Künstler mit ihren Staffeleien in die freie Natur. Die markante Silhouette der Alpen, der sanft melancholische Staffelsee und das geheimnisvolle Murnauer Moos zogen die Künstler in ihren Bann. Zahlreich sind die Ansichten von Murnau sowie Szenen aus dem alltäglichen Leben.

Charakteristisch für diese neue Malweise, die mit allen akademischen Gepflogenheiten brach, sind die leuchtend bunten, unvermischten Farben, die flächig aufgetragen werden und sich nicht mehr mit den realen Farben des Motivs decken. Das Abgebildete wird auf seine Grundformen reduziert, auf Details wird verzichtet, der geistig-seelische Ausdruck steht im Vordergrund. Eine der Inspirationsquellen für die Künstler bildete damals die volkstümliche bayerische Hinterglasmalerei. Sie entsprach dem Drang der Künstler nach unmittelbarem Ausdruck, der durch einfache Ursprünglichkeit vermittelt wurde. Bald versuchten sich die Künstler selbst in diesem Kunsthandwerk, das im Staffelseeraum so tief verwurzelt ist. Als erste ließ sich wohl Gabriele Münter von dem Hinterglasmaler Heinrich Rambold, der die Murnauer Sommerfrischler mit Mitbringseln versorgte, in die Techniken der Hinterglasmalerei einweihen.

Gemeinsam mit Franz Marc und August Macke gründete das Quartett 1911 die avantgardistische Künstlergruppe „Der Blaue Reiter". Über die Namensfindung notierte Kandinsky in seinem Tagebuch: „Wir fanden ihn am Kaffeetisch in der Gartenlaube in Sindelsdorf. Beide lieben wir Blau, Marc liebte Pferde, ich Reiter. So kam der Name von selbst."

Der traditionsreiche Marktflecken Murnau lag einst an der wichtigen Handelsroute, die Innsbruck mit Augsburg verband. Nach Stadtbränden im 19. Jahrhundert gab der Architekt Emanuel von Seidl 1910 Murnau sein altes Gesicht zurück.

Zusammen mit Franz Marc gab Kandinsky 1912 den Almanach „Der Blaue Reiter" heraus, der den neuen Aufbruch in der Kunst theoretisch untermauerte. Kontakte mit Berliner Avantgardekünstlern, die sich unter dem Namen „Neue Sezession" formiert hatten, führten zu gemeinsamen Ausstellungen in Berlin und München. Erstmals wurden diese neuen Tendenzen unter dem Begriff Expressionismus zusammengefaßt. Der Erste Weltkrieg riß den „Blauen Reiter" auseinander, Kandinsky trennte sich von Münter und ging wieder nach Rußland, Marc und Macke kehrten von der Front nicht mehr zurück. Gabriele Münter vermachte der Stadt München 1957 zahlreiche Werke der Künstlergruppe, die heute in der Städtischen Galerie im Lenbachhaus besichtigt werden können. Ab 1931 lebte die Künstlerin wieder in Murnau, wo sie mit Unterbrechungen bis zu ihrem Tod 1962 mit ihrem neuen Lebensgefährten Johannes Eichner wohnte.

Das Gabriele-Münter-Haus ist heute als Museum zugänglich. Die ursprüngliche Einrichtung blieb erhalten, viele Münter-Gemälde zieren die Wände, auch die von Kandinsky originell mit Reitern bemalte Treppe ist noch zu sehen. Das Schloßmuseum bietet, neben einem Überblick über die Stadtgeschichte, in seinen behaglichen Räumlichkeiten die umfangreichste Schau des Lebenswerks der Gabriele Münter. Aber auch die übrigen Künstler des „Blauen Reiters" sind mit ihren Gemälden vertreten. Eine Hinterglasbild-Sammlung zeigt die Entwicklungsgeschichte dieses Kunsthandwerks auf. Die oberste Etage ist dem sozialkritischen Schriftsteller Ödön von Horváth (1901–1938) gewidmet, der 1933 vor dem Terror der SA aus der nationalsozialistischen Hochburg Murnau fliehen mußte. Nicht nur diejenigen, die sich für Kunst und Geschichte interessieren, kommen bei dem Museumsbesuch auf ihre Kosten, hervorragend ist auch die Entstehung und die Nutzung des Murnauer Mooses illustriert.

Der eiszeitliche „Architekt" des Murnauer Mooses, des mit 35 Quadratkilometern größten und mit 15 Metern tiefsten Moors im bayerischen Alpenraum, war der Loisachgletscher. Rund 200 Meter tief schürfte sich der Gletscher ins Erdreich und hinterließ durch das Schmelzen des Gletschereises einen riesigen See. Schmelzwässer des abtauenden Gletschers, die Kies, Sand und Ton mit sich im Gepäck führten, sorgten dafür, daß der See sich rasch wieder füllte. Die Pflanzenwelt tastete sich langsam vor und formte die facettenreiche Moorlandschaft.

Im Laufe der Jahrhunderte dachte man immer wieder darüber nach, das Murnauer Moos zu entwässern und für die Landwirtschaft urbar zu machen. Diese Projekte scheiterten jedoch am zu hohen Aufwand und an den damit verbundenen Kosten. So entging das Murnauer Moos dem Schicksal anderer – nicht nur – bayerischer Moore. Auch der Abbau von Torf als Brennstoff, der so vielen Moorgebieten empfindlich zugesetzt hatte, fand hier fast nur für den Hausgebrauch statt. Aus heutiger Sicht ein Sakrileg war der Abbau vieler Köchel, kegelförmiger Hügel, die aus dem Moor herausragen, für den Straßenbau. Auch der schöne Moosberg, auf dem sich eine spätrömische Siedlung befand, mußte noch 1925 für den Straßenbau weichen. Heute ist das Moor vor derartigen Eingriffen sicher, seit 1980 steht der größte Teil des Murnauer

Mooses (23,55 Quadratkilometer) unter Naturschutz.

Ein zwölf Kilometer langer, gut ausgeschilderter Rundweg weiht in die sagenumwobene Moorlandschaft ein. Ausgangspunkt ist das Ramsachkircherl, im Volksmund als „Ähndl" (von Ahne abgeleitet) bekannt, denn es ist wohl das älteste Gotteshaus im Staffelseegebiet. Die Geschichte dieser kleinen Kirche geht angeblich bis auf das 8. Jahrhundert zurück, heute freilich präsentiert sich das Ramsachkircherl im volkstümlich-barocken Kleid. Gleich neben der Kirche lädt der rustikale Gasthof „Zum Ähndl" mit seinem lauschigen Biergarten nach vollbrachter Wanderung zur Rast ein. Früher fanden hier die Verlosungen der gemeindeeigenen Moosgrundstücke statt. Die uralte Regelung, die bis 1971 in Kraft war, sollte Streit unter den Bauern vermeiden. Auf dem gewonnenen Stück Land ließen sie ihr Vieh grasen und fuhren Streu für den Stall ein.

Das liebenswert schlichte Landhaus war einst das Domizil von Gabriele Münter und Wassily Kandinsky. Drinnen sieht es nach umfangreichen Renovierungsarbeiten fast wieder wie zu Lebzeiten des Paares aus, als sich hier die Avantgarde der Kunst, die Künstlergruppe „Der Blaue Reiter", ein Stelldichein gab.

Doch nun zur Wanderung, sie führt zunächst entlang der Ramsach durch das ausgedehnte Flachmoor. Die Herzen der Blumenliebhaber schlagen hier, vor allem im Frühjahr und im Sommer, vor Freude höher: Seltene Orchideenarten, Schwertlilien, Wollgras und der stengellose Enzian bevölkern die Wiesen. Mehr Mystik und Spannung bietet das Hochmoor, der „Lange Filz", im Nordwesten des Mooses. Auf Holzbohlen führt der Weg durch die bizarre Feuchtlandschaft, die Pflanzenwelt wird karger, aber nicht minder interessant. Im nährstoffarmen Hochmoor finden sich Birken, Mooslatschen, Rosmarinheide, verschiedene Beerenarten und der vom Aussterben bedrohte fleischfressende Sonnentau. Hinter der Flora steht auch die Fauna des Murnauer Mooses nicht zurück, seltene Vogelarten, aber auch Kreuzottern und Ringelnattern haben hier ein einzigarti-

Im Murnauer Moos schlägt das Herz des Naturliebhabers höher. Das geschulte Auge sichtet wahre botanische Schätze, darunter seltene Orchideen oder den gefährdeten Sonnentau.

ges Refugium gefunden. So empfiehlt es sich, von den Wegen nicht abzuweichen und sich leise zu verhalten, um den Lebensraum der Tiere und Pflanzen zu schützen.

Ein besonderes Bonbon wartet auf dem Rückweg: das leicht erhöht liegende Moosrain bietet ein beeindruckendes Panorama. Hinter dem flachen Murnauer Moos baut sich in der Ferne die grandios aufragende Alpenkette auf. Markant zeichnen sich das Wettersteingebirge mit der Alpspitze (2682 Meter) und die Zugspitze (2964 Meter) ab.

Eine weitere landschaftliche Perle Murnaus ist der Staffelsee. Vor der Kulisse der majestätischen Alpen schwankt die Stimmung des Sees, je nach Jahres- und Tageszeit, zwischen romantischer Melancholie und gelassener Heiterkeit. Hinter den großen bayerischen Seen im Voralpenland braucht der Staffelsee sich keineswegs zu verstecken. Rummel wie am Chiemsee oder am Starnberger See herrscht hier nicht, auch wenn der Fremdenverkehr für die einstigen Fischerdörfer am See längst zur wichtigsten Einnahmequelle geworden ist. Ganz anders wäre es wahrscheinlich um den Staffelsee bestellt, wenn König Ludwig II. hier sein zweites Versailles errichtet hätte. Doch der Besitzer der Insel Wörth, Major Brey, verhinderte dies. Er lehnte selbst die großzügigsten Angebote des Königs ab, so fiel dann die Wahl für den Schloßbau letztlich auf die Herreninsel im Chiemsee.

Malerische Abendstimmung beleuchtet die Voralpenlandschaft, von Ferne grüßt die Zugspitze.

Nur wenige kleine Ortschaften wie Seehausen und Uffing liegen direkt am Ufer des Staffelsees, der sich ansonsten fast „naturbelassen" präsentiert. Das wird wohl auch in der Zukunft so bleiben, denn weite Bereiche des Staffelsees und seiner Umgebung wurden als Landschaftsschutz- bzw. Naturschutzgebiet ausgewiesen. Vor allem die Staffelseemoore im Westen und Süden bilden hochsensible Ökosysteme, für die die Schutzmaßnahmen unabdingbar sind. Dank einer Ringkanalisation ist das weiche, moorhaltige Wasser des Sees von hervorragender Qualität. Angenehm warme Wassertemperaturen herrschen in den Sommermonaten, durchschnittlich sind es 22 Grad, da steht

Badefreuden nichts mehr im Wege. Zur Auswahl stehen mehrere Strandbäder, einige ganz modern, andere muten nostalgisch an, wie das Strandbad „Alpenblick" bei Uffing. Per Ruder- oder Tretboot läßt sich der See mit seinen sieben Inseln hervorragend erkunden. Vor allem wird das größte Eiland, die Insel Wörth, angesteuert, auf der Archäologen Spuren aus der Urnenfelderzeit und Überreste eines der ersten Klöster Bayerns (7./8. Jahrhundert) sicherstellen. Wer bei einer Umrundung des Sees die 22 Kilometer nicht ganz per pedes zurücklegen möchte, kann die Wanderung mit einer Bootsfahrt kombinieren. Von Mitte Mai bis Ende September fährt die „Seehausen" Ausflügler um den See und macht Station in Murnau, Seehausen und Uffing. In dem hübschen ehemaligen Fischerdorf Seehausen läßt sich auf der Terrasse des „Fischerstüberls" in einer lauen Sommernacht die Abend-

stimmung, die sich allmählich über den See legt, in vollen Zügen genießen. Weithin bekannt ist der Ort für seine Seeprozession an Fronleichnam. Nachdem am Chiemsee die Bootsprozession eingestellt wurde, können die Seehausener stolz darauf sein, als einzige Gemeinde in ganz Oberbayern diese Tradition aufrechtzuerhalten.

Daran, daß sich früher fast alle Dorfbewohner als Fischer verdingten, erinnert heute noch das Seefest am 15. August, dessen Höhepunkt zweifelsohne das Fischerstechen bildet. Junge Burschen stehen sich auf Holzplanken, die über die kleinen Fischerboote hinausragen, gegenüber und versuchen, die Kontrahenten mit einer Lanze in den See zu befördern. Unbestechliche Honoratioren verfolgen von einem Boot aus das Geschehen und wachen über die Einhaltung des Reglements. Wer sich am längsten hält, wird feierlich mit einer Schilfkrone, bestückt mit einer roten Nelke, zum Fischerkönig gekrönt. Am Abend gebührt es den Fischerstechern, den Tanz mit ihrer Liebsten zu eröffnen. Die Blaskapelle des Ortes spielt auf, und auch der hiesige Trachtenverein läßt es sich nicht nehmen, einen Schuhplattler aufs Parkett zu legen.

Gemütliches Beisammensein ist hier die Devise, Urlauber und Einheimische genießen die ersten Sonnenstrahlen am Staffelsee. Ein kühles Bier und eine leckere bayerische Brotzeit, dazu gratis die herrliche Landschaft, was will man mehr.

Vom „Russenhaus", wie das kleine Anwesen Gabriele Münters und ihres russischen Lebensgefährten Wassily Kandinsky von den Einheimischen genannt wurde, liegt einem Murnau mit der spätbarocken Pfarrkirche Sankt Nikolaus zu Füßen. Dieser Blick inspirierte das Künstlerpaar zu seinen farbenprächtigen Bildkompositionen. Das Schloßmuseum, links im Bild, beherbergt einen Teil der Sammlung der expressionistischen Maler.

E in botanisches Kleinod der Extraklasse: das Murnauer Moos. Mittlerweile steht der größte Teil der 2600 ha umfassenden Moorlandschaft unter Naturschutz. Alle Formen des Nieder-, Übergangs- und Hochmoores sind hier anzutreffen, entsprechend vielfältig gestaltet sich somit auch die Pflanzen- und Tierwelt.

E in Spiel von Licht und Farben bietet der Staffelsee, der sich traumhaft schön in die Landschaft einbettet – kein Wunder, daß der See zu einer der Ruhe- und Inspirationsquellen für die Künstlergruppe „Der Blaue Reiter" wurde. Auf ihren Leinwänden versuchte sie, die atmosphärischen Stimmungen des Sees einzufangen.

H

errlich liegt Bad Bayersoien an einem kleinen Voralpensee, der Ort und seine Umgebung sind ein beliebtes Ausflugsziel im Werdenfelser Land. Auf zahlreichen Wander- und Radtouren läßt sich die reizvolle Moorlandschaft um den See erkunden. Auch Naturfreunde finden hierher, sie lockt die seltene Flora, die im Moor beheimatet ist.

Blick über die Voralpenlandschaft: Wie so viele einstige Bauerndörfer in der Region hat sich auch Bad Bayersoien längst zum Fremdenverkehrsort gewandelt. Die Reize des staatlich anerkannten Kurorts entdeckten bereits im 18. Jahrhundert die Zöglinge des Ritterstiftes im Kloster Ettal, die sich hierher auf die Suche nach Erholung begaben.

Spricht man von Oberammergau, werden im selben Atemzug die Passionsspiele genannt. Sie verhalfen dem kleinen Ort in Oberbayern zu Weltruhm und erwiesen sich als Motor für den Fremdenverkehr. Hinter den Passionsspielen verbirgt sich ein Gelübde. Im Dreißigjährigen Krieg (1618–1648) verschonte der „Schwarze Tod" auch das idyllische, einst so abgeschiedene Ammertal nicht. Binnen weniger Wochen raffte die Pest 84 der kaum 600 Einwohner zählenden Gemeinde dahin. In ihrer Not taten sich die Oberammergauer zusammen und gelobten, alle zehn Jahre Passionsspiele aufzuführen, in der Hoffnung, daß sich Gott ihrer erbarme und der Pest Einhalt gebiete. Schlagartig hörte das Sterben im Dorf auf, ein Wunder, daran zweifelt auch heute kaum ein Oberammergauer. Bis heute stehen die Dorfbewohner zu ihrem Wort. Erstmals wurde das fromme Spiel 1634, noch mitten im Dreißigjährigen Krieg, aufgeführt, lediglich während des Zweiten Weltkrieges gab es eine Unterbrechung.

Doch die Geschichte des regen Fremdenverkehrsortes reicht viel weiter zurück als die Passionsspiele. Das schon zur Zeit der Kelten besiedelte Tal stand lange unter welfischer Herrschaft. Dies erklärt auch die enge Verbundenheit von Oberammergau mit dem Augustiner-Chorherrenstift Rottenbuch im Pfaffenwinkel, das 1073 von dem welfischen Herzog Welf IV. gegründet wurde. Die Rottenbucher hatten bis zur Säkularisation 1803 im Ammertal in geistlichen Angelegenheiten das Sagen, während die Äbte vom nahen Benediktinerkloster Ettal ab 1347 die Gerichtsherrschaft ausübten. So war jahrhundertelang das religiöse, kulturelle und wirtschaftliche Leben in Oberammergau aufs engste mit diesen beiden Klöstern verknüpft.

Zu einer der wichtigsten Einnahmequellen für die Dorfbewohner wurde bereits im Mittelalter die Holzschnitze-

rei, die Oberammergau schon damals weit über seine Grenzen hinaus bekannt machte. Die kargen Böden ernährten die meisten Bauern nicht, so mußten sich viele nach einem geeigneten Nebenerwerb umschauen. Die Anregung für die Holzschnitzerei ging vermutlich vom Kloster Rottenbuch aus. Fasziniert berichtet der Chronist Andreas Althammer 1520 in seiner *Geschichte von Ettal* von den Oberammergauer Holzschnitzern, die in einer Nußschale das Leiden Christi darzustellen vermochten. Im breiten Sortiment der Holzschnitzer, das von Küchenlöffeln über Hampelmänner bis hin zu religiösen Artikeln reichte, fanden vor allem die Kreuze reißenden Absatz. Allerorts erwarben die Bauersleute zum Schutz ihres Hofs Kreuze, diese wurden – wie übrigens auch heute noch – im Herrgottswinkel in der Stube und im Stall aufgestellt. Kein Wunder, daß die hiesigen Schnitzer bald im Volksmund die Herrgottschnitzer von Ammergau genannt wurden. Für den Vertrieb sorgten zunächst Kleinhändler, die sich ihre vollbepackten Kraxen (Tragegestelle) auf den Rücken luden und auf Schusters Rappen durch die Lande zogen. Im 18. Jahrhundert entstanden die Oberammergauer Verlegerhäuser, die Niederlassungen in ganz Europa unterhielten. Die Verleger kauften den Schnitzern ihre Waren ab, und nicht wenige brachten es durch den gewinnbringenden Verkauf zu Wohlstand und Ansehen.

Auf die Initiative des Verlegers Guido Lang hin entstand im Jahre 1910 das Heimatmuseum. Hier läßt sich sehr anschaulich die Entwicklung der Holzschnitzkunst durch die Jahrhunderte hindurch verfolgen. Einen der Glanzpunkte bildet zweifellos die ehemalige Krippe der Pfarrkirche (18./19. Jahr-

Landschaftliche Impressionen – tief hat sich die Ammer ihr Bett in den Fels gegraben, bei gutem Wetter ist die Ammerschlucht ein Treffpunkt für Kajakfahrer. Den Fluß begleitet ein wunderschöner Wanderweg vom Moorbad Bad Bayersoien zu den wildromantischen Schleierfällen.

Auch heute noch wird in Oberammergau die Tradition der Holzschnitzerei hochgehalten. Wer die Augen offenhält, findet neben dem vielen Tand, der in den Souvenirgeschäften angeboten wird, auch gute Fachgeschäfte, die Qualitätsarbeiten bieten.

hundert), bei der drei Generationen von Schnitzern ihr Bestes gaben. Interessant sind auch die vornehm eingerichtete Verlegerstube aus dem 18. Jahrhundert sowie eine originale Schnitzerstube aus der Zeit der Jahrhundertwende, die zugleich als Wohnstätte diente.

Heute wird in Oberammergau in 29 Werkstätten die traditionsreiche Schnitzerkunst gepflegt. Als Garant für die Qualität gilt die solide Ausbildung in der hiesigen staatlichen Schnitzschule. Wer einmal den Holzschnitzern über die Schulter schauen möchte, kann im Pilatushaus in der Ludwig-Thoma-Straße mitverfolgen, wie aus einem groben Stück Holz eine wundervolle Skulptur entsteht.

Auf den ersten Blick scheint Oberammergau fast nur aus Souvenirgeschäften zu bestehen, die traditionelle Holzschnitzkunst geht dabei fast unter. Die Enttäuschung darüber verfliegt jedoch bald, denn rund um die Andenkenmeile gibt es zahlreiche schöne, alte Häuser mit liebenswerten Fassadenmalereien zu entdecken. Auch die stattliche Dorfkirche, ein Juwel des Rokoko, trägt dazu bei, den ersten Eindruck rasch zu korrigieren. 1736 legten die Oberammergauer den Grundstein für den Neubau ihrer Pfarrkirche St. Peter und Paul. Als Baumeister verpflichtete man den Wessobrunner Joseph Schmuzer, der in der Region sein Können bereits mehrfach unter Beweis gestellt hatte. Im heiter-beschwingten Rokoko mit zartem

Nicht nur zur Weihnachtszeit schön anzuschauen: die herrlichen, alten Krippen im Oberammergauer Heimatmuseum. Liebevoll wird in dem Museum die Geschichte der Oberammergauer Holzschnitzkunst in ihrer Vielfalt und ihrer historischen Entwicklung präsentiert.

Stuckwerk präsentiert sich der Saalbau der Kirche. Matthäus Günther zauberte einen Freskenhimmel voll des barocken Pathos. Das Martyrium und die Glorie der Kirchenpatrone St. Peter und St. Paul prangt über dem Langhaus; in warmen Pastelltönen gehalten, schwebt die Gottesmutter als Stifterin des Rosenkranzes über dem Altarraum. Der Weilheimer Franz Xaver Schmädl schuf den Hochaltar samt den Skulpturen. Besonders hübsch sind die vielen kleinen Putti, die dem Altar Lebendigkeit verleihen. Der Altar fungiert als „heilige Bühne", das Gemälde wird im Laufe des Kirchenjahres ausgewechselt, so werden hier die Gläubigen auf höchst anschauliche Art und Weise mit der Heilsgeschichte vertraut gemacht. Auch der berühmte Oberammergauer „Lüftlmaler" Franz Seraph Zwinck (1748–1792) wirkte bei der Gestaltung der Pfarrkirche mit, von ihm stammen die Fresken mit Szenen aus dem alten Testament an der Westempore.

Auf Schritt und Tritt trifft man im Dorf wieder auf die hübschen Fassadenmalereien von Zwinck, er prägte wie kein anderer das alte Oberammergau. Scherzhaft nannte er sich selbst Lüftlmaler, bis heute sind sich die Experten allerdings nicht einig, ob sich Zwinck dabei auf seine Arbeit im Freien bezog, wo mitunter ein zugiges „Lüftl" wehte, oder ob er auf diese Idee kam, weil er in einem Haus namens „Zum Lüftl" wohnte. Wie dem auch sei, auf jeden Fall war

er der Namenstifter für die ländliche Kunst der Fassadenmalerei in Oberbayern. Überliefert ist, daß Zwinck äußerst flink arbeitete, so soll er zwischen Beginn und Ende des Vesperläutens in einem Zuge das Bildnis des hl. Johannes Nepomuk geschaffen haben. Als Lohn für seine Arbeit erhielt der Künstler häufig nicht viel mehr als eine Maß Bier und eine Brotzeit. Die aus Mineralien gewonnenen Farben wurden auf den noch nassen Kalkmörtel *al fresco* aufgetragen, was ein hohes Maß an Präzision und Schnelligkeit erforderte. Unter den zumeist religiösen Motiven rangiert an erster Stelle die Gottesmutter, die Patronin Bayerns, gefolgt von den zahlreichen Schutzheiligen für Haus und Hof, z. B. St. Leonhard, der über Pferde und Rindvieh wacht, St. Florian, der vor Feuersbrünsten schützt, oder St. Seba-

Filigranes Rokoko: Zarte Pastelltöne verleihen der Pfarrkirche St. Peter und Paul in Oberammergau ihre festlich-heitere Atmosphäre.

ja 2004

stian, der die Pest und andere Seuchen fernhält. Aber auch profane Themen wie amüsante Wirtshausgeschichten, markige Jagdszenen oder „glückliche Sennerinnen" zieren die Häuserwände. Nach wie vor erfreuen sich in Oberbayern die Fassadenmalereien großer Beliebtheit, allerdings arbeitet man im Zeitalter der Chemie nicht mehr mit aufwendigen Naturfarben, sondern verwendet vielfach Dispersionsfarben. Dabei sind die zarten Farbnuancen auf der Strecke geblieben- und damit viel von der einstigen barocken Sinnlichkeit der Lüftlmalerei.

Die prunkvollsten Fassadenmalereien finden sich in Oberammergau an den Häusern, die ehemals den reichen Verlegerfamilien gehörten, die auf diese Art und Weise ihren Wohlstand, ihre Religiosität und auch ihren Kunstsinn demonstrierten. Das Juwel der Lüftlmalerei in Oberammergau ist zweifellos das stattliche Pilatushaus aus dem 18. Jahrhundert in der Ludwig-Thoma-Straße, das einst im Besitz des Verlegers Andreas Lang war.

Der wohl berühmteste Lüftlmaler Franz Seraph Zwinck schuf die kunstvolle Fassadenmalerei am Pilatushaus. Werkstätten von Schnitzern und Töpfern sind heute in dem Haus untergebracht. Besucher können hier hautnah erleben, wie ein Kunstwerk entsteht.

2004

Die Fresken stammen ebenfalls von Franz Seraph Zwinck. Die eigentliche Schauseite findet sich vor dem sorgfältig angelegten, schmucken kleinen Garten. Das Thema „Jesus vor dem römischen Statthalter Pontius Pilatus" ist eingebettet in eine kunstvoll gestaltete Scheinarchitektur: eine elegant geschwungene Treppe und monumentale Säulen bilden den Rahmen für das Geschehen. Zur Straßenfront hin stellte Zwinck die Auferstehung Christi dar. Von besonderem Reiz ist auch das ehemalige Forsthaus, gleich neben der Dorfkirche, hier kann man sich an profanen Themen wie Jagdszenerien oder den Darstellungen der vier Jahreszeiten in Scheinfenstern erfreuen. Vor allem die kleinen Besucher von Oberammergau fesselt das Hänsel-und-Gretl-Heim, ein Kinderheim der Stadt München, das in Richtung Ettal liegt. Max Strauß zauberte das Märchen von Hänsel und Gretl um 1920 auf die Fassade des Kinderheims, das so einen freundlichen, heiteren Eindruck erweckt.

Falls man auf seinem Erkundungsgang durch Oberammergau immer wieder Einheimischen mit wallendem Haar und auffallender Barttracht begegnet, dann ist das ein sicheres Indiz dafür, daß die Passionszeit vor der Tür steht. Ab Aschermittwoch im Vorjahr der Passion ist der Gang zum Friseur für die rund 2300 Oberammergauer, die beim nächsten Passionsspiel mitwirken, passé. Schließlich soll ein höchstmögliches

2004

Maß an Authentizität erreicht werden. Fast zur Tradition gehört auch im Vorfeld das Gerangel um die Besetzung der wichtigsten Rollen, wobei der Dorfsegen leicht aus den Fugen gerät. Die letzte Entscheidung darüber fällt jedoch der Gemeinderat hinter verschlossenen Türen. Nicht nur um die Besetzung, sondern auch über die Textversionen und die neuen Ideen der Spielleiter wird immer wieder aufs neue gerungen. Bis heute aber haben die Oberammergauer, trotz aller Kontroversen, mit kleineren Überarbeitungen, an der Textversion von Pfarrer Alois Daisenberger festgehalten, der Mitte des 19. Jahrhunderts die erste Prosafassung der Passion des Ettaler Paters Othmar Weis aktualisierte. Für die musikalische Untermalung des Stücks sorgt nach wie vor die 1811 entstandene Komposition des ehemaligen Oberammergauer Lehrers Rochus Dedler. Für viele der eingefleischten Traditionalisten kam es einer Revolution gleich, als einige „Weibsbilder" für die Passionsspiele 1990 auf dem Gerichtswege durchsetzen konnten, daß

Märchenstunde an der Hauswand: Die Lüftlmalereien erzählen die Geschichte von Hänsel und Gretel. Als Lüftlmalereien bezeichnet man die in Oberbayern so typische Fassadenmalerei. Ob sich der Name vom „Malen an der freien Luft" ableitet, ist bis heute umstritten. Generationen von Kindern, die in diesem Heim aufgewachsen sind, konnten sich an diesen Bildern erfreuen.

2004

auch Frauen über 35 Jahre an den Spielen teilnehmen können. Auch die strengen Maßstäbe insbesondere für Maria – sie solle jungfräulich sein und keine feste Bindung haben – sind heute kein Dogma mehr. Aber immer noch ist es so, daß Zugereiste sich über Jahre hinweg hocharbeiten müssen, bevor sie überhaupt daran denken können, auch nur eine kleine Nebenrolle zu ergattern.

Für die Passionsspiele 2000 wurde das eigens für die frommen Spiele erbaute Theater am Ortsrand komplett umgestaltet. Die Karten für die 110 Aufführungen waren schnell verkauft, rund 500 000 Besucher hatten sich angemeldet. Dennoch stapelten sich beim Fremdenverkehrsamt die Anfragen, sage und schreibe über 1,5 Millionen bekundeten ihr Interesse an Karten für die Spiele. Wer zu den Glücklichen zählte und sich eine Karte gesichert hatte, mußte schon etwas Sitzfleisch mitbringen, denn die Aufführung dauert rund sechs Stunden, mit nur einer Unterbrechung über die Mittagszeit. Ganz oben auf der Liste der prominenten Gäste der Passionsspiele rangiert der von vielen Bayern hochgeschätzte König Ludwig II., der Oberammergau mit seinem Besuch der Spiele 1870/71 ehrte. Eigens für den menschenscheuen König wurde eine Separatvorstellung gegeben. Ludwig II. zeigte sich so beeindruckt von der Vorstellung, daß er einige Tage später alle Schauspieler auf sein geliebtes Schloß

Schmuck präsentiert sich das Dorf Unterammergau, zarte Lüftlmalereien zieren auch hier die Häuserfassaden.

Linderhof einlud. Jeder der Akteure erhielt von ihm zum Dank einen Silberlöffel, nur Judas, der Verräter, hatte Pech und mußte sich mit einem Blechlöffel begnügen. Außerdem stiftete König Ludwig II. zum Gedenken an die Passionsspiele 1870/71 eine gewaltige, marmorne Kreuzigungsgruppe. Den Standort auf der Höhe des Osterbichls wählte der König selbst aus.

Die Oberammergauer halten ihrerseits das Andenken an ihren „Märchenkönig" hoch. Schon etliche Tage vor dem 24. August, dem Geburtstag Ludwigs II., schichten sie auf dem Kofel Brennholz in Form einer riesigen Königskrone auf. Mit Einbruch der Dämmerung stimmt die hiesige Musikkapelle den Choral „Die Himmel rühmen" an, die Holzkrone auf dem Oberammergauer Hausberg wird feierlich entfacht, ein langer Zug von Fackelträgern bewegt sich auf das Dorf zu, anschließend wird in den Wirtshäusern bei einer Maß Bier auf den „Kini" angestoßen.

Viel wurde und wird auch immer wieder über die Kommerzialisierung der Spiele geschrieben und diskutiert. Keiner in Oberammergau kann es leugnen, daß der Ort, der vom Fremdenverkehr lebt, kräftig von den Passionsspielen profitiert. Der Versuchung des ganz großen Geldes widerstanden die Oberammergauer jedoch bereits 1950 erfolgreich, als Hollywood an die Tür klopfte und einen zweistelligen Millionenbetrag für die Verfilmung der Passions-

spiele bot. Die Akteure werden während der Spielzeit von der Gemeinde entlohnt, die zahlreichen, unentgeltlichen Proben im Vorfeld setzen ein hohes Maß an persönlichem Engagement voraus. Im Vordergrund für die meisten Oberammergauer stehen jedoch immer noch die Freude am Spiel und der Wunsch, das fromme Gelübde von 1634 zu erfüllen.

Feuer zu Ehren des Märchenkönigs: In memoriam Ludwig II. wird jedes Jahr am Vorabend seines Geburtstages am 25. August auf dem Berg Kofel ein Feuer in Form einer überdimensionalen Krone entfacht.

Alle zehn Jahre dreht sich alles in Oberammergau um die Passionsspiele, zuletzt im Jahr 2000. Zurück geht das Spiel vom Leiden und Sterben Christi auf ein Gelübde aus dem Jahre 1634. Damals suchte eine Pestepidemie den Ort heim, die Oberammergauer versprachen, alle zehn Jahre Passionsspiele aufzuführen, wenn Gott dem Sterben ein Ende bereite. Sie halten bis heute ihr Wort – fast das ganze Dorf wirkt vor und hinter den Kulissen an dem religiösen Spiel mit.

Festsp. Haus
Führung 2004

Eines
der Aushängeschilder von
Oberammergau ist die Tra-
dition der Holzschnitz-
kunst. Meisterwerke aus
verschiedenen Epochen
können im Heimatkunde-
museum bestaunt werden,
besonders attraktiv für
große und kleine Besucher
ist die Sammlung der historischen Krippen. Wie fein
und filigran die Oberam-
mergauer Schnitzer arbei-
ten können, zeigt auch die
hier abgebildete Szene des
Letzten Abendmahles.

Sorgfältig her-
ausgeputzte Häuser mit
üppigen Lüftlmalereien be-
stimmen das Bild von
Oberammergau. Auf die
Besucher warten zahlreiche
Restaurants und Cafés, in
den unzähligen Geschäften
wird vom billigen Ramsch
bis zu qualitätvollen
Holzschnitzarbeiten fast
alles geboten. Wer sich
aber etwas mehr Zeit
nimmt und die Souvenir-
meile verläßt, wird auch
noch den dörflichen
Charme Oberammergaus
entdecken.

2004

Auf
erhabener Höhe wird auf
dem Hörnle zur Ehre
Gottes eine festliche Berg-
messe gefeiert. Untermalt
wird der Gottesdienst von
den Klängen der Alphör-
ner und der Blasinstru-
mente. Auch die Trachten-
vereine aus der näheren
Umgebung sind präsent
und bilden mit ihren Fah-
nen den Rahmen für das
andächtige Geschehen.
Zahlreich haben sich in
diesen Jahr wieder jung
und alt eingefunden, um
gemeinsam die Messe auf
über 1000 m zu feiern.

Längst sank die Tagesleuchte herab, verschwand hinter den hohen Bergketten: Friede herrscht in den tiefen Tälern, das Geläute von Herdenglocken, der Gesang eines Hirten drang herauf zu meiner wonnigen Einsamkeit; der Abendstern entsendet sein mildes Licht der Ferne, am Ende des Thales ragt die Kirche von Ettal empor aus dunklem Tannengrün", so schwärmte und verklärte Ludwig II. das Ammergau in einem 1865 verfaßten Brief an seinen Freund Richard Wagner. Von klein auf kannte und liebte der Märchenkönig die Region, die Aufenthalte im Jagdhaus des Vaters Maximilian II. im Graswangtal zählen zu den wenigen schönen Kindheitserinnerungen des Monarchen. So liegt es nahe, daß sich der Wittelsbacher gerade hier einen seiner Träume verwirklichte – Schloß Linderhof.

Doch zunächst zum Kloster Ettal, dessen Gründer, Herzog Ludwig IV., der Bayer, ein Namensvetter und Vorfahre Ludwigs II. war. Trefflich bettet sich die barocke Klosterherrlichkeit in die liebliche Bergwelt des Ammergaus ein. Gemäß der Legende, die die Klostergründung umrankt, gab das Straucheln eines Pferdes den Ausschlag für die Standortwahl. Herzog Ludwig der Bayer, belegt mit dem Bann des in Avignon residierenden Papstes Johannes' XXII., geriet bei seiner Krönung zum Kaiser in Rom 1328 in schwere Bedrängnis, da er ohne päpstliche Zustimmung die Kaiserkrone für sich beanspruchte. In seiner Not erbat er göttlichen Beistand, prompt erschien ihm ein Mönch mit Engelsflügeln, der ihm die Botschaft überbrachte, wenn er gelobe, ein Kloster zu Ehren Mariä Himmelfahrt zu erbauen, dann werde sich alles doch noch zum Guten wenden. In der Tat erhielt Ludwig IV. unerwartete Hilfe, und bei seiner Rückkehr in die heimatlichen Gefilde löste er sein Gelübde ein. Gleich dreimal knickte sein Pferd bei einer Tanne ein, dies wurde als göttlicher Fin-

gerzeig gewertet, das Kloster an dieser Stelle zu errichten. Zweifellos spielten aber auch handfeste politische Erwägungen eine nicht zu unterschätzende Rolle bei der Klostergründung. Ettal lag damals an der strategisch so wichtigen Fernstraße nach Italien, außerdem stärkte der Kaiser seine Position im Erbland mit der Gründung eines weiteren Landesklosters.

Rund 50 Jahre dauerte es vom ersten Spatenstich 1330 bis zur Weihe des Klosters. Außer den Benediktinern bezogen auch zwölf Ritter und ihre Frauen das Kloster. Das Ritterstift löste sich bereits 1347 wieder auf, prächtig gedieh dagegen die Benediktinerabtei, dank der zahlreich verliehenen Privilegien, zu denen die Rechts-, Steuer- und Verwaltungshoheit zählten. Außerdem sprach sich die Kunde von der wundertätigen Madonna von Ettal rasch herum. So entwickelte sich Ettal in kürzester Zeit zu einem der großen Marienwallfahrtsziele Bayerns. Die kleine Marmorstatuette, die auch heute noch auf dem Hochaltar thront, hatte Ludwig der Bayer im Reisegepäck aus Italien mitgebracht, vermutlich stammt sie aus einer Pisaner Werkstatt.

Die großzügige, ursprünglich im gotischen Stil erbaute Klosteranlage wurde im Laufe ihrer Geschichte mehrfach umgestaltet. Im 18. Jahrhundert erhielt die Klosterkirche ihr üppiges, barockes Kleid, in dem sie sich auch heute noch präsentiert. Der große Initiator für die

barocke Erneuerung war der Ettaler Abt Placidus II. Seitz (1709–1736), ihm ist es auch zu verdanken, daß nach der wirtschaftlichen Sanierung 1710 wieder eine Bildungsstätte, eine Ritterakademie, in Ettal ansässig wurde.

Die Pläne für das „neue" Ettal stammten von dem kurfürstlichen Hofbaumeister Enrico Zucalli, der bereits in München mit der Fertigstellung der prächtigen Kuppel der Theatinerkirche für Aufsehen gesorgt hatte. Ein verheerender Brand zerstörte 1744 die im Umbau befindliche Kirche sowie Teile des Klostergebäudes. Den Wiederaufbau nahm der Wessobrunner Klosterbaumeister Joseph Schmuzer in die Hand, unter seiner Regie verwandelte sich Ettal endgültig zum barocken Klosterjuwel.

An die gotische Vorgängerin der Klosterkirche erinnert noch der für die damalige Zeit recht ungewöhnliche Grundriß, ein zwölfeckiger Zentralbau mit doppelgeschossigem Umgang; vermutlich lieferten hierfür die Kirchenbauten der Templer das Vorbild. In der

Sanft liebkost das Licht der Abenddämmerung das Kloster Ettal, das in eine herrliche Berglandschaft eingebettet ist. Fast orientalisch muten die markanten Kuppeln des Klosters an, das im Laufe seiner Geschichte mehrfach umgestaltet wurde.

Die Ettaler Mönche
verstehen sich aufs Brauen,
das Bier der Benediktiner
genießt weit über Ettal
hinaus einen guten
Ruf. Dokumentiert wird
die hohe Kunst des Brau-
ens und alles, was dazu
gehört, im Brauerei-
museum des Klosters.

Vorhalle findet sich das einstige gotische Hauptportal, im Giebelfeld wird
die Kreuzigungsgruppe von dem Stifter,
Kaiser Ludwig IV., und seiner Gemäh-
lin Margarete von Holland flankiert.
Hinter dem schlichten Portal öffnet sich
ein prächtiger kirchlicher Festsaal voller
Würde und Anmut. Filigranes Stuckwerk der Wessobrunner Johann Georg
Übelhör und Franz Xaver Schmuzer
veredelt die Wände, harmonisch fügen
sich die Altäre, Meisterwerke des
Münchner Hofbildhauers Johann Baptist Straub, in den lichtdurchfluteten
Raum ein. Vom gleichen Künstler
stammt auch die Kanzel, die von dem
Kämpfer gegen das Böse, dem Erzengel
Michael, bekrönt wird. Elegante Pila-
ster runden den Raum, darüber wölbt
sich die Kuppel mit dem grandiosen
Deckenfresko des Tirolers Johann Jakob Zeiller. Ganze Scharen von Heiligen und Engelschören lobpreisen die
göttliche Trinität. Über dem Chor-
bogen illustriert Zeiller in einem Gemälde die Gründungslegenden von Ettal. Nichts mehr von der sprühenden

Leichtigkeit des späten Barock ist im
Chorraum zu verspüren, hier dominiert
nüchterne klassizistische Strenge. Auf
dem Altartisch birgt die Tabernakel-
nische die anmutige, kleine Ettaler Madonna, die umgeben von der kühlen
Pracht fast etwas verloren wirkt. Fein
aufeinander abgestimmt sind das Hoch-
altarbild und das Deckenfresko mit dem
Motiv der Himmelfahrt Mariens und
dem Empfang Mariens durch Christus
im Himmel, beides sind Werke des
Tirolers Martin Knoller.
Im Freien fällt der Blick auf die geschwungene Fassade und die majestäti-
sche Barockkuppel, die den Kirchen-
raum überspannt. Vor dem leicht erhöht
liegenden Gotteshaus breitet sich der

Jakob Zeiller, ein Tiroler
Künstler, schuf Mitte des
18. Jahrhunderts das fulmi-
nante Himmelsfresko der
63 m hohen Kuppel der
Ettaler Klosterkirche, das
der göttlichen Trinität gewidmet ist.

liebevoll begrünte Hof aus, der von den Klosterflügeln eingefaßt wird. Hier büffeln rund 400 Schüler für die Hochschulreife. Seit 1905 betreiben die Benediktiner das Humanistische Gymnasium, dem auch ein Internat angeschlossen ist. Die tatkräftigen Patres unterhalten auch den Klostergasthof, in dem man die selbstgebrauten Biere und die nach uralten Rezepten hergestellten Liköre der Mönche kosten kann. Mit ihren vielfältigen wirtschaftlichen Aktivitäten kommen die Ettaler Mönche der Devise ihres Ordensgründers, des heiligen Benedikt von Nursia, *Ora et labora* (bete und arbeite), nach.

Umtriebig war auch König Ludwig II., der gerne im nahen Graswangtal weilte. Wie besessen sinnierte er hier über immer neue Luft- und Traumschlösser, gebremst wurde seine zügellose Baulust lediglich durch die bayerische Regierung und das immer weiter klaffende Haushaltsloch. Längst waren dem Monarchen die ihm obliegenden Regierungsgeschäfte zum Greuel geworden. Immer mehr kapselte sich der junge, schöne König von der „heillosen Außenwelt" ab und flüchtete in die „wonnige Einsamkeit" der Gebirgswelt, in der er sich künstliche Paradiese schuf. Hier fand Ludwig II. Trost; schwer lastete die Niederlage im Krieg gegen Preußen (1866) auf ihm, und voller Bitterkeit fügte er sich dem Willen der bayerischen Regierung, seinen verehrten, jedoch kostspieligen Freund, den Komponisten Richard Wagner zu entlassen.

Jenseits der politischen Realitäten des ausgehenden 19. Jahrhunderts hing Ludwig II. seinem Ideal vom absoluten Königtum nach, das für ihn wie kein anderer der französische König Ludwig XIV. versinnbildlichte. So repräsentieren die Ludwig-Schlösser wie Linder-

hof und Herrenchiemsee die „gute, alte Zeit", sie huldigen Ludwigs großem Vorbild, dem Sonnenkönig.

Ursprünglich sollte das bayerische Versailles im Graswangtal entstehen, aufgrund der ungünstigen geographischen Voraussetzungen wurde das Projekt *Meicost Ettal*, eine Anspielung auf den Wahlspruch Ludwigs XIV. *L'état c'est moi*, jedoch aufgegeben. Erst etliche Jahre später erfüllte sich Ludwig II. mit dem Bau von Schloß Herrenchiemsee auf der Herreninsel im Chiemsee den Traum eines zweiten Versailles. Zunächst aber widmete er sich der Erweiterung des Königshäuschens, des ehemaligen Jagdschlosses seines Vaters Maximilian II. Mit viel diplomatischem Fingerspitzengefühl unterrichtete er den Hofrat Düfflipp von seinen Plänen: „Ich möchte nun in der Nähe am Linderhof einen kleinen Pavillon mir erbauen, und einen nicht zu großen Garten im Renaissancestyl mir anlegen lassen. Alles nach bescheidenen Dimensionen. Für mich brauche ich nur drei etwas reicher und eleganter ausgestattete Zimmer …" Die Gelder wurden bewilligt, Georg Dollmann, ein Schüler des Hofbaumeisters Leo von Klenze, wurde als Architekt beauftragt. Im Zuge der Umbauten mußte das alte Königshäuschen weichen, Ludwig II. ließ es abtragen und im Schloßpark wieder aufbauen. Aus der bescheidenen königlichen Residenz auf dem Lande entwickelte sich in mehreren Bauetappen (1869–1886) das luxuriöse, dennoch intime Schlößchen Linderhof mit Anklängen an das Petit Trianon in Versailles.

Das äußere Erscheinungsbild der „Königlichen Villa" wirkt im Vergleich zur pompösen Innenausstattung angenehm zurückhaltend. Mit geradezu überbordenden Stukkaturen, farbenprächtigen Gobelins und prunkvollem Mobiliar entlädt sich in den königlichen Gemächern üppigster Neo-Rokoko-Dekor im Louis-Quinze-Stil. Ludwig II. wachte bei der Gestaltung seines Schlosses über jedes noch so kleine Detail, so daß es für Franz Seitz, von Haus aus Hoftheaterdirektor, und seinen Mitarbeiterstab nicht immer einfach war, den Wünschen des Königs in allen Belangen nachzukommen. Gleich im Vestibül plaziert, findet sich eine Reiterstatue des

Sonnenkönigs, dessen Geist der bayerische Ludwig immer wieder heraufbeschwört. Eine elegante Treppe, eine Kopie der Versailler Gesandtentreppe, führt hinauf zu den Prunkgemächern des Schlosses. Den Mittelpunkt bildet das königliche Schlafzimmer mit dem Ambiente eines Thronsaals, schließlich pflegte der Sonnenkönig die erste und letzte Audienz des Tages, das berühmte Zeremoniell des *Lever* und *Coucher*, stets unter dem Baldachinhimmel seines Bettes abzuhalten. Vom Schlafzimmer aus bietet sich ein wahrhaft königlicher Blick auf die Kaskade, die Ludwig II. unterhalb des Hennenkopfes anlegen ließ. Im prachtvollen Spiegelsaal steigert sich der Effekt der Verwischung der Raumgrenzen ins Phantastische. Die eigentliche Besucherattraktion ist jedoch das berühmte „Tischlein-deckdich" im Speisesaal: Mittels einer Mechanik konnte der Tisch versenkt und wieder emporgehoben werden. Der menschenscheue König ließ den Tisch im Erdgeschoß eindecken, so konnte er ungestört speisen, ohne die Blicke seiner Dienerschaft ertragen zu müssen.

Kleine, einsame Trauminseln schuf sich König Ludwig II. auch in der ausgedehnten, über 50 Hektar großen Gartenanlage. Dem Geschick des bayerischen Hofgärtners Carl von Effner ist es zu verdanken, daß sich das Neo-Rokoko-Schlößchen Ludwigs II. nicht als Fremdkörper ausnimmt, letztlich sogar recht harmonisch in die bayerische Alpenlandschaft einfügt. Rund um das Schloß dominiert die strenge französische Gartenarchitektur mit klaren Achsen, kühlen Wasserbassins, akkurat angelegten Blumenbeeten sowie dekorativ plazierten Statuen. Ein Augenschmaus ist der Blick vom Venustempel hinab zur Schauseite des Schlosses, das Tüpfelchen auf dem i bildet in einem Bassin die Fontäne der Flora, die rund 30 Meter in die Höhe schießt. Weiter abseits des Schlosses breitet sich der nach dem vielen Prunk wohltuende englische Landschaftsgarten aus, der einen fast fließenden Übergang zur alpenländischen Natur bildet. Auf einen Hauch Exotik wollte Ludwig II. jedoch auch hier nicht verzichten, vom Eisen-

bahnkönig Henry Strousberg erwarb er den „Maurischen Kiosk", der zuvor die Pariser Weltausstellung von 1867 zierte. Auf dem Pfauenthron, den er eigens in Frankreich herstellen ließ, träumte Ludwig II., in Orientgewänder gehüllt, von fernen Welten. Seine Diener servierten Mokka oder Sorbet und fächelten mit Pfauenfächern dem Monarchen die vom Duft der Räucherpfannen geschwängerte Luft zu. „Bodenständig germanisch" dagegen das Ambiente in der „Hundinghütte", die dem ersten Akt von Wagners *Walküre* entsprungen ist. Mitten in der Blockhütte breitet sich ein kräftiger Baum aus, Bärenfelle und eine Feuerstelle runden die Szenerie ab, in der Ludwig in die Welt der germanischen Mythen eintauchte. Weit mehr Aufwand erforderte die künstlich angelegte Venus-

Orientalischen Träumen gab sich der Märchenkönig Ludwig II. im maurischen Kiosk in der Gartenanlage von Schloß Linderhof hin. Auf dem Pfauenthron sitzend schlürfte er Mokka und ließ sich von seinen Dienern Luft zufächeln.

grotte, ein Gebilde aus Draht, Zement und Gips, die der „Landschaftsplastiker" August Dirigl 1876 im Auftrag seiner Majestät erschuf. Die Inspiration für diese Kulisse lieferten die blaue Grotte von Capri und Wagners *Tannhäuser*. Die Oper sollte hier einzig und allein für den Monarchen aufgeführt werden, jedoch durchkreuzte die schlechte Akustik diese Pläne. Dafür ließ sich der Nachtmensch Ludwig II., meist zur vorgerückten Stunde, durch den unterirdischen See mit dem auf Knopfdruck auslösbaren Wasserfall rudern.

Louise Kobell, die Frau des Hofrats, berichtet von dem königlichen Ritual: „... zuerst fütterte der Monarch zwei aus dem Schloßbassin herbeigeschaffte Schwäne, hernach bestieg er mit einem Lakai einen vergoldeten und versilberten Kahn in Form einer Muschel und ließ sich auf dem durch einen unterseeischen Apparat bewegten Wasser herumrudern. Unterdessen hatten sich der Reihe nach fünf farbige Beleuchtungen abzulösen, jeder waren zehn Minuten zugemessen, damit der König den Anblick genügend genießen konnte. Phantastisch schimmerten Wellen, Felsenriffe, Schwäne, Rosen, das Muschelfahrzeug und der dahingleitende Märchenkönig." Für die perfekte Illusion scheute der König keine Mühen und Kosten, die aufwendige Wellenmaschinerie und die ausgeklügelte Beleuchtungsanlage stellten für die damalige Zeit technische Spitzenleistungen dar.

An dem bayerischen Märchenkönig und seine Schlösser scheiden sich bis heute die Geister. Was als reine Verschwendungssucht gewertet werden könnte, stellte sich im nachhinein als eine außerordentlich gewinnbringende Investition dar. Wie kein anderer erwies sich König Ludwig II. als Förderer des Fremdenverkehrs für ganz Oberbayern, magisch ziehen bis heute die Schlösser des weltabgewandten Wittelsbachers Scharen von Touristen aus aller Herren Länder an. In Bayern wird das Andenken an den „Kini", wie Ludwig II. hier liebevoll genannt wird, in rund 60 König-Ludwig-Vereinen hochgehalten. Der feinfühlige Monarch, der nur widerstrebend sein Amt im zarten Alter von 18 Jahren antrat, Kriege verabscheute und immer mehr der Realität den Rücken zuwandte und sich in Traumwelten flüchtete, fasziniert bis heute die Menschen. Der Mythos Ludwigs II. vereint makellose Schönheit, Reichtum und ein von Unglück und Einsamkeit überschattetes Leben. Am 8. Juni 1886 wurde er entmündigt, Ärzte hatten ihn in einem umstrittenen Gutachten für „seelengestört", geisteskrank, erklärt. Nur wenige Tage darauf starb der König gemeinsam mit seinem Arzt im kniehohen Wasser des Starnberger Sees. War es ein Unglück oder ein Verbrechen? – darüber wird bis heute gerätselt.

Flora, die Göttin der Blumen, ruht umspielt vom Wasser der hoch emporschießenden Fontäne vor dem Schloß Linderhof. Ein Regenbogen macht die göttliche Szenerie perfekt.

H

in-
ter der mächtigen Kuppel
der Ettaler Klosterkirche
zeichnet sich die abend-
liche Silhouette des Am-
mergebirges ab. Der Bau
des Benediktinerklosters
geht auf Kaiser Ludwig
den Bayern zurück. Dank
der zahlreichen Privilegien,
die er der Abtei zukom-
men ließ, wurde das
Kloster auch rasch zu
einem wichtigen Wirt-
schaftsfaktor in der
Region.

† 2004

I dyllisch liegt das Forsthaus Dickl-schwaig im Graswangtal, daneben findet sich eine kleine Kapelle aus dem Jahr 1694, die der Heiligen Gertraud gewidmet ist. Früher war das Gebiet das Jagdrevier des bayerischen Königs Maximilian II., und so lernte der spätere König Ludwig II. schon als Kind dieses Tal kennen, das er später als Standort für Schloß Linderhof auserkor.

Das Graswangtal in voller Blüte: Weiße Akzente setzt das für feuchte Moorlandschaften typische Wollgras. Schon der Märchenkönig Ludwig II. war fasziniert von dem stillen, einsamen Graswangtal, hier verwirklichte er einen seiner Träume: den Bau von Schloß Linderhof. Heute zieht das Graswangtal zahlreiche Spaziergänger und Wanderer an, die die herrliche Natur genießen.

F ern von der Landeshauptstadt München ließ sich der Märchenkönig Ludwig II. eine königliche Villa, Schloß Linderhof, im einsamen Graswangtal erbauen. Der königliche Hofgartenarchitekt Carl von Effner sorgte dafür, daß sich das Schloß harmonisch in die Landschaft einfügt. Verschiedene Gartenbaukonzeptionen wurden aufeinander abgestimmt, fast nahtlos gestaltet sich der Übergang zur freien Natur. Der Löwe, das bayerische Wappentier und Symbol der königlichen Macht, bewacht von erhabener Höhe das Traumschloß von Ludwig II.

Ein Himmel voller Geigen: Mittenwald

Einst ein bedeutender Handelsplatz, Geigenbauort mit alter Handwerkstradition, Ziel der ersten Sommerfrischler aus dem Norden: Mittenwald blickt auf eine bewegte 900jährige Geschichte zurück. Die 8000 Einwohner zählende Marktgemeinde liegt im oberen Isartal zwischen Garmisch-Partenkirchen und der österreichischen Grenze, umgeben von der prächtigen Bergkulisse der Karwendelspitze, des Hohen Kranzberges, der Wettersteinspitze und der Tiroler Berge.

Seiner Lage verdankt Mittenwald den romantisch klingenden Namen, *in media silva*, „mitten im Wald", womit der Scharnitzwald gemeint war, der von Partenkirchen bis zum Inntal reichte. Zum ersten Mal taucht dieser Name um 1098 in den Urkunden des Bischofs Meginward von Freising auf. Und das Hochstift Freising war es schließlich auch, das 1294 die Grafschaft „ze Partenkirchen und ze Mittenwald" dem letzten Grafen von Eschenlohe, Berthold III., abkaufte. Daran erinnert noch heute das Wappen, das einen golden gekrönten Mohrenkopf als Symbol der Landesherrschaft, silberne Berge als Sinnbild der Lage zwischen Karwendel und Wetterstein und drei grüne Tannen als Zeichen für den Ortsnamen zeigt.

Durch dieses Gebiet des Isartals zogen seit Urzeiten Menschen vom Loisachtal über den Brennerpaß nach Italien: Moorfunde bei Seefeld aus der Zeit um 500 v. Chr. belegen den Durchzug der Kelten entlang einem Saumpfad, römische Meilensteine erinnern an die Via Raetia des 2. Jahrhunderts n. Chr., die von Venedig über das heutige Mittenwald nach Augsburg führte. Nicht nur römische Heere, sondern auch Genußmittel passierten den beschwerlichen Weg über die Alpen, so ließen sich beispielsweise römische Herren Austern aus dem Norden in Eiltransporten nach

Italien bringen. Pilger, Kaiser und vor allem Kaufleute zogen durchs Mittenwalder Tal. Die Lage an der Handelsstraße sollte für die Ortschaft im Mittelalter weitreichende Folgen haben.

Wenn zwei sich streiten, freut sich der Dritte, so auch der Ort im Karwendelgebirge. Kriegerische und politische Auseinandersetzungen zwischen Herzog Sigismund von Tirol und venezianischen Kaufleuten führten im Jahre 1487 zur Verlegung des Bozener Marktes nach Mittenwald, dem ersten Ort auf bayerischem Boden. So wurde der Gebirgsort für 200 Jahre Umschlagplatz an der Handelsroute zwischen Venedig und Augsburg. Seit dieser Zeit nennt der Volksmund das Werdenfelser Land das „Goldene Landl", denn die Kaufleute, Fuhrleute und Flößer brachten Wachstum und Wohlstand. Es bildete sich die „Rott", eine Vereinigung von Fuhrleuten, die das Recht hatte, gegen Niederlagegeld (Stapelgebühr) und Fuhrlohn die Waren zur nächsten Rottstation zu bringen. Aus Italien und dem Orient transportierten sie Gewürze, Südfrüchte, Samt und Seide, Gold und Silber, aus Deutschland und England Rüstungen, Tuche, Papier und Felle über die Alpen. Wie lebhaft es zur Zeit des Bozener Marktes in Mittenwald zuging, belegt eine Schilderung des Lebens auf den Straßen: „Noch zahlreicher und bunter kamen heran Kaufleute des Südens und Nordens auf Rossen und Kammerwägen, Fuhrleute mit Wägen,

Karren, Saumrossen und Packeseln, Krämer, Pilgrime und anders fahrendes Volk, reitende und laufende Boten, die von den Kaufleuten des deutschen Hauses in Venedig und aus den großen deutschen Handelsstädten mit ihren Geschäftsbriefen hin- und hergesandt wurden. Die Augsburger Boten, die durch Mittenwald kamen, waren von Venedig bis Augsburg oft 13 bis 14 Tage auf dem Wege …"

Aus der einstigen Heerstraße war die „Rottstraße" geworden. Schon seit dem 13. Jahrhundert benützten Flößer die Isar als Wasserstraße, die „nasse Rott". Groß und kräftig mußten die Flößer sein, wenn sie, Wind und Wetter ausgesetzt, Holz, Kalk und Gips gen München brachten. „D'Oberlandler kemman", hieß es, wenn sie anlegten, da sie von weit her aus dem Gebirge kamen.

Das reizvolle Ortsbild des Marktes prägen die Häuser mit bemalten Fassaden und weit ausladenden Dächern. Im Hintergrund grüßt der Turm der Pfarrkirche St. Peter und Paul – das Wahrzeichen von Mittenwald.

Ein Blickfang in Mittenwald ist das alteingeführte Hotel Post, die ehemalige Posthalterei aus dem Jahre 1632. Einst brachen viele Jungvermählte von hier zu ihrer Hochzeitsreise auf, wie auf der farbenprächtigen Fassade zu sehen ist.

1905 ging das letzte Floß von Mittenwald ab, die Zeiten der Flößerei waren damit vorbei. 1679 verlegte man den Markt zurück nach Bozen, die Rottstraße verlor an Bedeutung, als sich der Welthandel an die Atlantikküste verlagerte. Der „Bozener Markt" in Mittenwald findet heute nur noch in Form von Festzügen und Marktwochen statt.

Ein Spaziergang durch den liebenswerten Ort läßt noch einmal die Geschichte lebendig werden. Ober- und Untermarkt entsprechen dem Verlauf der einstigen Rottstraße, in den Häusern mit den breiten Toreinfahrten lagerte man die Waren, nachdem das 1470 errichtete Ballenhaus die Fülle der Güter nicht mehr aufnehmen konnte. Das 1485 gestiftete Pilgerhaus bot durchreisenden Pilgern Unterbringung und Verpflegung. „Goethehaus" nennt man den ehemaligen Gasthof „Zur Post", in dem Johann Wolfgang von Goethe 1786 übernachtete, bevor er am nächsten Morgen um sechs Uhr früh „bei einer Kälte, wie sie nur im Februar erlaubt ist", Richtung Brenner nach Italien aufbrach.

Die Pinsel der Lüftlmaler verwandelten Mittenwald in ein gemaltes Bilderbuch. Das Neunerhaus gilt als Vorläufer aller späteren Fassadenbemalung im Werdenfelser Land, eine prächtig gemalte Scheinarchitektur mit einer „Verkündigung" und den „Zwölf Aposteln" überzieht die gesamte Fassade. Den „Höllensturz" des Schlipferhauses in der Goethestraße gestaltete um 1765 der einheimische Künstler Franz Karner, Blitze des hl. Michael begleiten ein feuerspeiendes Ungeheuer in die Hölle. Oft liegt der Reiz im Detail, am Hornsteinerhaus zeigt der auch in Oberammergau tätige Franz Seraph Zwinck ne-

Im Herzen von Mittenwald liegt der traditionsreiche Gasthof „Alpenrose", dessen Barockfassade wohl eine der schönsten des Ortes ist. Franz Seraph Zwinck schuf die lebensnahe Darstellung der Fünf Sinne.

ben „Judith und Holofernes" eine verkehrte Welt: die Katze im Vogelkäfig. Das Haus steht im ältesten Ortsteil Gries, hier scheint die Zeit stehengeblieben zu sein.

Wahrzeichen Mittenwalds ist der Turm der Pfarrkirche St. Peter und Paul, weithin sichtbar erhebt er sich über den Ort und verkündet durch die Darstellungen der Apostelfürsten Petrus und

Der Geigenbau ist die traditionelle Handwerkskunst von Mittenwald. Von Meisterhand gefertigte Musikinstrumente zieren die Vitrinen des Geigenbaumuseums.

Paulus den christlichen Glauben. Von 1734 bis 1749 schufen der Baumeister Josef Schmuzer und der Maler Matthäus Günther einen barocken Festsaal zur Ehre Gottes. Die Verbundenheit der damaligen Menschen mit ihrer Kirche zeigen die Namensschilder an den Bänken. Gegen Bezahlung einer Gebühr oder durch Hand- und Spanndienste beim Bau konnte ein Dorfbewohner einen festen Platz in der Kirche erwerben. Vor der Kirche ehrt ein Denkmal Mittenwalds berühmtesten Sohn, Matthias Klotz (1653–1743), den Begründer der hiesigen Geigenbautradition. Ihm ist es zu verdanken, daß der Gebirgsort seit 300 Jahren seinen musikalischen Gruß in die Welt hinausschickt. Viel ist über seine Ausbildung nicht bekannt, nur, daß er mit zehn Jahren bei Nikolaus Amati in Cremona seine Lehre begann und daß er „zu Padua im Laufe von sechs Jahren mit aller Ehrenhaftigkeit und Redlichkeit gearbeitet hat", wie sein Zeugnis berichtet.

Nach 20jähriger Abwesenheit kehrte Matthias Klotz 1633 in seinen Heimat-

ort zurück und eröffnete eine Werkstatt als Lauten- und Geigenmacher. Zahlreichen Schülern vermittelte er sein Wissen, aus dem Holz der Fichte und des Bergahorns die Instrumente zu fertigen. Mit dem Aufblühen dieser Handwerkskunst begann für Mittenwald die „zweite goldene Zeit".

Anfangs brachten die Geigenbauer die Instrumente in Butten, den auf dem Rükken getragenen Holzbehältern, selbst zu ihren Abnehmern, den Klöstern des Pfaffenwinkels und zu fürstlichen Residenzen. Mit steigender Nachfrage erfolgte der Absatz durch Kaufleute, sogenannte Verleger, die die Instrumente nach Portugal, Rußland und England, von 1850 an bis in die USA verkauften. Von 1700 Einwohnern waren in Mittenwald um 1800 80 als Geigenbauer tätig.

[handschriftliche Notiz:] 2004 im Rathaus 2005 nach Gottesd. So 23/10 im renov. Museum toll

Um im Zuge der fortschreitenden Massenproduktion eine zu starke Spezialisierung und Arbeitsaufteilung zu verhindern, eröffnete König Max II. von Bayern 1858 die Geigenbauschule. Die traditionelle Handwerkskunst sollte bewahrt werden. Aus einer Werkstätte ging 1913 die Staatliche Berufsfach- und Fachschule für Geigenbau und Zupfinstrumentenmacher hervor, die Schüler aus der ganzen Welt zu Geigenbauern ausbildet. Seit 1982 kann man in der Abteilung für Zupfinstrumentenbau die Herstellung von Zithern, Lauten, Hackbrettern und Gitarren erlernen. Heute arbeiten in Mittenwald noch 20 Geigenbaumeister in acht Werkstätten, die in kostbarer Handarbeit ein Instrument nach individuellen Klangvorstellungen fertigen.

Idyllisch ist der Platz vor dem Geigenbaumuseum, dessen Brunnen dem „Andenken der ersten Kurgäste" gewidmet ist. Das „klangvolle" Museum dokumentiert die über 300jährige Geschichte des Geigenbaus.

Lohnend ist ein Besuch des Geigenbaumuseums, in dem die Geschichte des Mittenwalder Geigenbaus aufgezeigt wird. Zu den Kostbarkeiten des Museums zählen die Geigen von Matthias Klotz und Jakobus Stainer, den herausragenden Meistern des 17. Jahrhunderts. Eine original erhaltene Geigenbauwerkstatt rundet das Bild ab. Den Bogen nach Fernost spannen Instrumente aus Indien, China und Japan. In der Schauwerkstatt zeigen Schüler der Fachschule, welch großes handwerkliches Geschick der Geigenbau erfordert. Und wenn die Geigen zum Trocknen und Bräunen in die Sonne gehängt werden, dann hängt in Mittenwald der Himmel wirklich voller Geigen …

Der schmucke Gebirgsort ist schon seit langem auch ein beliebter Ferienort. Die Anfänge des Tourismus liegen in der zweiten Hälfte des 19. Jahrhunderts, als Maler und Schriftsteller die oberbayerische Alpenlandschaft entdeckten. Ihren Spuren folgten um 1900 die ersten Gäste, von den Einheimischen „Sommerfrischler" genannt. Die meist gutsituierten Gäste trafen mit Postkutsche oder Stellwagen ein und brachten sich ihr eigenes Hauspersonal gleich mit. Mit der Eröffnung der Mittenwaldbahn, der Eisenbahnstrecke zwischen Garmisch und Innsbruck, nahm der Fremdenverkehr einen raschen Aufschwung. Beinahe einen Staatsempfang bereitete man den Passagieren des ersten Wintersonderzuges aus Dresden, der 1929 in Mittenwald eintraf: Musik begleitete die Reisenden vom Bahnhof zur Kirche, wo sie von ihren Vermietern höchstpersönlich abgeholt wurden.

Zu jeder Jahreszeit erfreuen sich heute die Feriengäste an der Schönheit des Ortes und seiner Umgebung. Ein wahrer Augenschmaus ist ein Spaziergang von der Gröbl- zur Kärntneralm, Mittenwald in seiner ganzen Pracht liegt dem Wanderer zu Füßen, eingerahmt von einem herrlichen Gebirgspanorama. Erfahrene Bergsteiger zieht es in den „Mittenwalder Klettersteig", über Gipfelgrate in einer Höhe von 2300 Metern erreicht man nach fünfstündigem Aufstieg die Brunnsteinhütte, zurück geht es über die Mittenwalder Hütte oder über das Dammkar. Wer „ganz hoch hinaus" will, den bringt die zweithöchste Seilbahn Deutschlands in die wildromantische Bergwelt der Karwendelspitze auf 2385 Meter Höhe. Von hier oben fällt der Blick auf Mittenwald: auf ein Schmuckstück des Werdenfelser Landes.

Als Schmuckstück des bayeri-schen Oberlandes gilt Mittenwald, umgeben von einem Kranz von Bergen. Bis auf 2385 m ragt die Karwendelspitze über den Ort empor; beinahe schüchtern erhebt sich der Turm der Pfarrkirche St. Peter und Paul über die Bauernhäuser im ältesten Ortsteil Gries.

Do 13/10 05

Zur stillen Andacht lädt die Marienkapelle am Lautersee ein, die von Mittenwald auf verschiedenen Wegen zu erreichen ist. Im Sommer tummeln sich hier zahlreiche Badegäste im Freibad am See, für Ausflügler stehen mehrere Einkehrmöglichkeiten bereit. Wer die Ruhe und Einsamkeit sucht, die das Foto widerspiegelt, findet diese in den Wintermonaten.

I dylle pur – üppige Blumenpracht auf saftigen Wiesen, im Hintergrund erhebt sich das herrliche Alpenpanorama des Karwendelgebirges. Rund um Mittenwald locken zahlreiche Ausflugsziele zum Entdecken der Natur. Wer sich unterwegs auf einer der Almwirtschaften stärken will, findet hier auch schon eine reiche Auswahl an Tiroler Spezialitäten, denn der österreichische Nachbar ist nur einen Katzensprung entfernt.

D as Werdenfelser Land lockt mit Spaziergängen und Wanderungen in der ursprünglichen Natur der alpinen Bergwelt. Ob ein erfrischendes Bad im Ferchensee oder ein Aufstieg in die schroffe Wettersteinwand, der Vielfalt der sportlichen Aktivitäten sind keine Grenzen gesetzt.

S chon Johann Wolfgang von Goethe entzückte die landschaftliche Schönheit des Werdenfelser Landes, als er 1786 in seinem Tagebuch notierte: „Mir tat sich eine neue Welt auf" – als ahnte der Dichterfürst schon vor 200 Jahren, daß er eines der reizvollsten und beliebtesten Feriengebiete Deutschlands bereiste.

Bad Kohlgrub

Deutschlands höchstgelegenes Moorheilbad findet sich auf 900 Meter in Bad Kohlgrub. Rheumakranke werden hier mit Moorbädern und Packungen behandelt. Den stattlichen Ortskern ziert die von Josef Schmuzer zwischen 1727 und 1729 erbaute Pfarrkirche St. Martin. Der Parade-Lüftlmaler Franz Seraph Zwinck verewigte sich mit herrlichen Malereien auf dem Haus des Jägers Jürgl. Ein reizvolles Ausflugsziel ist der Bad Kohlgruber Hausberg, das Hörnle (1548 Meter), der auch ganz bequem mit der Schwebebahn erreicht werden kann. Kurverwaltung Bad Kohlgrub im Haus der Kurgäste, 82433 Bad Kohlgrub, Tel. 0 88 45/74 22-0, Fax:0 88 45/7 51 36, Internet: www.bad-kohlgrub.de

Bayerisches Haupt- und Landesgestüt Schwaiganger

Auf rund 600 Hektar grasen auf dem Haupt- und Landesgestüt Schwaiganger sorgfältig gestriegelte Haflinger sowie edle Warm- und Kaltblüter. Das sechs Kilometer ostwärts von Murnau liegende Gestüt ist nach wie vor im Besitz des bayerischen Staates, es genießt einen hervorragenden Ruf wegen seiner Sportpferdezucht. Einst wurden die Pferde als Zug- und Reitpferde für die bayerische Armee herangezogen, doch die Zeiten, als Pferde für den Kriegseinsatz gezüchtet wurden, sind Gott sei Dank längst vorbei. Heute ist der Gestütshof ein beliebtes Ausflugsziel, das auf reizvollen Wanderpfaden, die auch für Kinder leicht zu bewältigen sind, erreicht werden kann. Alljährlich im Spätsommer findet eine Gestütsparade mit vielen Überraschungen statt, die zahlreiche Besucher aus nah und fern anzieht. Bayerisches Haupt- und Landesgestüt Schwaiganger, 82411 Ohlstadt, Tel. 0 88 41/61 36-0, Fax: 0 88 41/61 36-66.

Bergbahnen

Bayerische Zugspitzbahn Bergbahn AG, Olympiastr. 27, 82467 Garmisch-Partenkirchen, Tel. 0 88 21/79 70, Fax: 0 88 21/79 79 01, Internet: www.zugspitze.de. Zu dem gleichen Unternehmen gehören auch die Wank-, Eckbauer-, Hausberg-, Kreuzeck-, Alpspitz- und Hochalmbahn.
Laber-Bergbahn, Oberammergau, Tel. 0 88 22/47 70.
Kolben-Sesselbahn, Oberammergau, Tel. 0 88 22/47 60.
Karwendelbahn, Mittenwald, Tel. 0 88 23/84 80.
Kranzberg-Sessellift, Mittenwald, Tel. 0 88 23/15 53.

Freilichtmuseum Glentleiten

Ausflug in die Vergangenheit: Im Freilichtmuseum an der Glentleiten bei Großweil sind 40 originale ländliche Gebäude wiederaufgebaut. Vollständig eingerichtet vermitteln sie ein Bild vom Leben in früheren Zeiten. Bauerngärten und Felder werden in alter Form bewirtschaftet, historische Tierrassen beleben die Kulturlandschaft. Alte Handwerkstechniken werden vorgeführt, Töpferei und Kramerladen bieten ihre Waren feil. Für das leibliche Wohl ist ebenfalls gesorgt. Geöffnet: Ende März bis Oktober, Di. bis So. 9–18 Uhr; Juli, August und an Feiertagen auch montags. Freilichtmuseum des Bezirks Oberbayern, An der Glentleiten 4, 82439 Großweil, Internet: www.glentleiten.de, Tel. 0 88 51/ 18 50, Fax: 0 88 51/1 85 11.

Garmisch-Partenkirchen

Garmisch-Partenkirchen (708 Meter) mit ca. 28 000 Einwohnern ist der bekannteste Ferien- und Wintersportort

des Werdenfelser Landes. Von einmaliger Schönheit ist die prächtige Hochgebirgskulisse mit Deutschlands höchstem Berg, der 2964 Meter hohen Zugspitze.

Wandern, Bergsteigen, Skifahren, Schauen und Genießen – der Vielfalt für einen erlebnisreichen Urlaub sind keine Grenzen gesetzt. Die IV. Olympischen Winterspiele 1936 gaben den Anlaß zur Vereinigung von Garmisch und Partenkirchen, das daraufhin zum führenden Wintersportplatz Deutschlands aufstieg. Weltbekannt ist Garmisch-Partenkirchen als Austragungsort des Neujahrsspringens auf der Großen Olympiaschanze im Rahmen der Vier-Schanzen-Tournee und der Weltcup-Skirennen auf der Kandaharstrecke und am Slalomhang Gudiberg.

Lebendiges Zentrum von Garmisch sind der Marienplatz und der Richard-Strauss-Platz mit Kurpark, Spielbank

Wer sich einen Eindruck verschaffen will, wie früher die Bauern in Oberbayern gelebt und gearbeitet haben, ist im Freilichtmuseum Glentleiten goldrichtig. Originale Bauernhöfe, Almhütten und Werkstätten wurden hier wieder aufgebaut, eine besondere Attraktion für die großen und kleinen Besucher sind die Vorführungen der alten Handwerkstechniken.

und Kongreßzentrum; hier liegt auch der Schwerpunkt des Geschäftslebens. Nicht weit ist es zur idyllischen Frühlingsstraße mit einer Reihe alter Bauernhäuser und Viehbrunnen. Die Bahnlinie bildet die Grenze zu Partenkirchen, das seinen dörflichen Charakter bewahrt hat. Die historische Ludwigstraße ist die Prachtstraße Partenkirchens; hier befindet sich auch das Heimatmuseum, das mit seinen reichhaltigen Beständen einen Überblick über Kunst und Kultur des Werdenfelser Landes vermittelt.

Der im gesamten Raum des Werdenfelser Landes tätige Josef Schmuzer hinterließ auch in Garmisch-Partenkirchen zwei seiner Meisterwerke: den Rokokobau der Neuen Pfarrkirche St. Martin in Garmisch und die malerisch am Westhang des Wank gelegene Wallfahrtskirche St. Anton. Hier besticht das einzige Fresko des Johann Evangelist Holzer, das in seiner malerischen Pracht den Raum zu sprengen scheint.

Die Umgebung von Garmisch-Partenkirchen bietet eine Fülle von Spazier- und Wanderwegen mit herrlichen Ausblicken auf den Zugspitzort und die Gebirgszüge. Gemütliche Berggasthöfe und Almhütten laden unterwegs zu einer stärkenden Brotzeit ein.

Kurverwaltung Garmisch-Partenkirchen, Richard-Strauss-Platz 1 a, Postfach 15 65, 82455 Garmisch-Partenkirchen, Tel. 0 88 21/18 00, Fax: 0 88 21/18 04 50.

Grainau

Malerisch liegt das Zuspitzdorf Grainau zu Füßen des Waxensteinkamms. Vom einstigen Bergbauerndorf zeugen die urtümlichen Bauernhäuser vom Alt-Werdenfelser Haustyp. Stimmungsvoll ist der Friedhof mit seinem zwiebelbekrönten Kirchlein vor dem Panorama der Waxensteine.

Grainau ist Umsteigestation der Bayerischen Zugspitzbahn zum Zugspitzplatt. Auf herrlichen Spazierwegen erreicht man den Bader- und den Eibsee.

Kloster Ettal

Mit dem Bau des Klosters Ettal 1330 erfüllte König Ludwig IV., der Bayer, ein Gelübde, das er in politisch bedrängter Lage gegeben hatte. Er ließ das Kloster an der strategisch wichtigen Fernstraße nach Italien errichten, somit konnte der Monarch mit seiner Stiftung auch seine Stellung im Lande stärken. An den ursprünglichen Klosterbau aus dem 14. Jahrhundert erinnert noch der ungewöhnliche zwölfeckige Grundriß der Klosterkirche, der wohl in Anlehnung an die Kirchen des Templerordens gewählt wurde. Enrico Zucalli stülpte zwischen 1720 und 1726 dem gotischen Zentralbau die barocke Kuppel über, die zum weithin sichtbaren Blickfang des Bauwerks wurde.

Hochkarätige Künstler verwandelten die Kirche zu einer Perle des Rokoko. Johann Baptist Zimmermann verkleidete die Wände mit höchst filigranen Stuckarbeiten, Jakob Zeiller schuf das eindrucksvolle Kuppelfresko, Johann Baptist Straub stellte seine bildhauerischen Fähigkeiten unter Beweis. Auf dem Hauptaltar thront die kleine Gnadenmadonna aus Carrara-Marmor, die Ludwig der Bayer aus Italien mitgebracht hatte, vermutlich entstand sie in einer Pisaner Werkstatt. Nach wie vor zieht die Madonna von Ettal zahlreiche Pilger an. Nach der Aufhebung des Klosters 1803 im Zuge der Säkularisation wurde erst 1900 der Klosterbetrieb durch die Benediktiner wieder aufgenommen. Die Patres leiten ein renommiertes Gymnasium, dem auch ein Internat angeschlossen ist. Außerdem stellen sie ihre traditionsreichen Biere sowie Liköre in verschiedenen Geschmacksrichtungen her. Auskünfte erteilt: Gemeinde Ettal, Tel. 0 88 22/35 34, Fax: 0 88 22/63 99.

Königshaus auf dem Schachen

Mitten in der Bergeinsamkeit ließ sich der Märchenkönig Ludwig II. von dem Architekten Josef Röhrer zwischen 1869 und 1872 sein „Königshaus auf dem Schachen" in einer Höhe von 1866 Metern errichten. Um dieses Traumschloß in Himmelsnähe zu besichtigen, muß man einen Fußmarsch von gut fünf Stunden von Garmisch-Partenkirchen in Kauf nehmen, etwas kürzer, ungefähr drei Stunden ist der Weg von Schloß

Elmau. Einfacher hatte es damals der König, er ließ sich in einer Sänfte zu seinem Bergdomizil befördern, in dem er vorzugsweise seine Geburtstage verbrachte. Während das Königshaus in den Bergen sich von außen mit seinen verspielten Holzschnitzereien noch recht bescheiden ausnimmt, empfängt den Besucher im Innern üppigste orientalische Pracht. In dieser Atmosphäre aus Tausendundeiner Nacht träumte der König von fernen, exotischen Welten. Um die Illusion zu vervollständigen, ließ sich Seine Majestät von seinen im Orient-Look gekleideten Dienern Tabak und Mokka servieren. Wie es einem Sultan gebührt, übernahmen es zwei Diener, ihm mit Pfauenfedern frische Luft zuzufächeln. Besichtigungen sind möglich, je nach Schneelage ab Juni bis zum 3. Oktober. Telefonische Auskünfte beim Wirtshaus auf dem Schachen unter Tel. 0 88 21/29 96.

Kultur

In Garmisch-Partenkirchen sind die Richard-Strauss-Tage im späten Frühjahr zu einer festen Institution des Kulturlebens geworden. Weltstars der Musik machen das Festival zu einem jährlichen musikalischen Höhepunkt. Von 1907 bis zu seinem Tode 1949 lebte Richard Strauss größtenteils in seiner Garmischer Villa in der Zoeppritzstraße. Eine unschätzbare Fundstätte für Musikwissenschaftler bildet das Richard-Strauss-Institut, das seit 1999 seinen Sitz im ehemaligen Kurhaus von Partenkirchen hat.

Unter großem Beifall des Publikums konnte die Theaterprinzipalin Cordula Trantow 1999 erstmals in Garmisch-Partenkirchen ihren Theatersommer durchführen. Hervorragende Schauspieler und ein abwechslungsreicher Spielplan verwandeln die Marktgemeinde im Monat August in ein Mekka der Theaterfreunde. Auskünfte erteilt: Kurverwaltung Garmisch-Partenkirchen, Richard-Strauss-Platz 1a, Postfach 15 62, 82455 Garmisch-Partenkirchen, Tel. 0 88 21/18 00, Fax: 0 88 21/18 04 50.

Lüftlmalerei

Bei der Lüftlmalerei handelt es sich um die ländliche Kunst der Fassadenmalerei in Oberbayern, deren Ursprünge auf das 18. Jahrhundert zurückgehen. Die aus Mineralien gewonnenen Farben wurden *al fresco* aufgetragen, d. h. auf den noch nassen Kalkmörtel. Im Werdenfelser Land zählen Oberammergau und Mittenwald zu den Hochburgen dieser Kunst. Farbenfrohe, zumeist fromme Malereien zieren die Häuserfassaden, aber auch profane Themen wie Jagd- oder Wirtshausszenen haben ihren festen Platz im Repertoire der Lüftlmaler. Wie dieser Begriff entstanden ist, darüber sind sich die Experten nicht einig. Entweder hängt es damit zusammen, daß die Künstler auf ihren Gerüsten stets frischen „Lüftln" ausgesetzt waren oder daß der berühmteste Lüftlmaler, Franz Seraph Zwinck (1748–1792), in Oberammergau im Haus „Zum Lüftl" wohnte. In Mittenwald hob sich Franz Karner mit seinen kunstfertigen, präzisen Lüftlmalereien von seinen Kollegen ab.

Mitbringsel

Liebhaber der Holzschnitzerei kommen im Passionsspielort Oberammergau auf ihre Kosten, besonders interessant ist die offene Werkstatt im Pilatushaus, in der man den Künstlern bei der Arbeit über die Schulter schauen kann.

Süffige Mitbringsel offeriert das Kloster Ettal. Nach uralten Rezepturen werden hier Liköre destilliert und Biere nach dem bayerischen Reinheitsgesetz gebraut. Wer auf Nippes steht, wird im Werdenfelser Land sicherlich fündig werden, vor allem das Geschäft um König Ludwig II. boomt, vom Fingerhut bis zum Bierkrug, der Märchenkönig ist allgegenwärtig. Pilatushaus Oberammergau, Lebende Werkstatt, Ludwig-Thoma-Str. 10, 82487 Oberammergau, Tel. 0 88 22/16 82.

Mittenwald

Seit 300 Jahren schickt Mittenwald einen musikalischen Gruß hinaus in die Welt, der Geigenbau machte den Ort im Karwendelgebirge weltberühmt. Mittenwald (920 Meter, 8300 Einwohner), um 1098 gegründet, erlebte seine wirtschaftliche Blüte von 1487 bis 1679, nachdem man den Bozener Markt in den Gebirgsort verlegt hatte. In dem an der Handelsstraße von Venedig nach Augsburg gelegenen Ort, kamen die Kauf- und Fuhrleute zu Reichtum und Wohlstand. Als der Dreißigjährige Krieg dem Handel ein Ende setzte, leitete Matthias Klotz eine „zweite goldene Zeit" ein: Nach einer Lehrzeit in Italien eröffnete er 1683 in seinem Heimatort eine Werkstätte als Lauten- und Geigenbauer. Diese handwerkliche Tradition wird in Mittenwald bis heute ausgeübt, inzwischen hat sich aber die Zahl der Geigenbaumeister seit 1800 um drei Viertel auf 20 reduziert. In der Staatlichen Berufsfach- und Fachschule für Geigenbau und Zupfinstrumentenmacher können Schüler aus aller Welt die Kunst des Geigenbaus erlernen. Einen sehenswerten Einblick in die Geschichte des Geigenbaus gibt das Geigenbaumuseum in der Ballenhausgasse mit einer Fülle von meisterlich gefertigten Musikinstrumenten. Bei einem Spaziergang durch Mittenwald liest man an den Hauswänden wie in einem gemalten Bilderbuch. Lüftlmalereien zieren sowohl zahlreiche Fassaden als auch den Turm der Pfarrkirche St. Peter und Paul. Die musizierenden Engel am Hochaltar dokumentieren die musikalische Tradition Mittenwalds. 1749 vollendete Josef Schmuzer den Kirchenbau, als Freskenmaler arbeitete Matthäus Günther. Der den Ort umgebende Kranz von Bergen bietet vielfältige Ausflugsziele und Tourenmöglichkeiten. Kranzberg und das Karwendelgebirge sind durch Lifte und Bergbahnen für Wanderer, Bergsteiger und Skifahrer erschlossen. Verkehrsamt Mittenwald, Dammkarstr. 3, 82481 Mittenwald, Tel. 0 88 23/3 39 81, Fax: 0 88 23/27 01.

Murnau

Murnau (11 000 Einwohner) präsentiert sich als ein schmuckes Kurstädtchen im oberbayerischen Voralpenland. Attraktiv ist die Lage am Staffelsee, an dessen südlichen und westlichen Ufern sich reizvolle Moorlandschaften erhalten haben. Die Stadt entstand an der im Mittelalter so bedeutenden Rottstraße nach Italien, 1322 erhob König Ludwig der Bayer Murnau zum Markt. Kurz darauf unterstellte der König Murnau dem Kloster Ettal, unter dessen Obhut der Ort bis zur Säkularisation 1803 verblieb. Ein Meilenstein in der Geschichte war der Anschluß ans Bahnnetz 1880. Mehrere Brände im 19. Jahrhundert zerstörten das mittelalterliche Gesicht der Stadt, so daß sich die Stadtväter 1906 entschlossen, unter der Regie des Münchener Architekten Emanuel von Seidl Murnau in der Heimatbauweise zu verschönern.

Über die Stadt wachte einst das Schloß, in dem heute ein interessantes Museum untergebracht ist. Die Entstehungsgeschichte der Voralpenlandschaft und des Murnauer Mooses wird ebenso anschaulich dargelegt wie die Entwicklung des Marktes Murnau. Viele der Besucher zieht es jedoch in erster Linie zu den Gemälden des „Blauen Reiters". Die avantgardistische Künstlergruppe löste sich von allem Gewohnten und entwickelte zwischen 1908 und 1914 die expressionistische Malweise. Zum Kreis des „Blauen Reiters" gehörten Gabriele Münter, Wassily Kandinsky, Marianne von Werefkin, Alexej Jawlensky sowie Franz Marc und August Macke. Die Künstler fanden in Murnau und der näheren Umgebung zahlreiche Motive und Inspirationen für ihre bahnbrechenden Neuerungen. Nach längerer Schließung hat das Gabriele-Münter-Haus in der Kottmüllerallee, in dem die Künstlerin mit ihrem Lebensgefährten Wassily Kandinsky lebte, wieder seine Pforten geöffnet. Die originale Einrichtung sowie die zahlreichen Gemälde Münters vermitteln einen Eindruck vom damaligen Treffpunkt der Avantgarde-Künstler. Auf den Spuren des

„Blauen Reiters" bietet das Fremdenverkehrsamt Murnau interessante zweitägige Rad- und Wandertouren an.

Wander- und Naturfreunde kommen im Murnauer Moos auf ihre Kosten, in der fast intakten Moorlandschaft finden sich zahlreiche seltene Pflanzen und Tiere. Der Staffelsee mit seinen fast unverbauten Ufern ist ein Paradies für Erholungsuchende. Im hübschen Dorf Seehausen haben sich noch alte Traditionen erhalten, wie die Bootsprozession an Fronleichnam oder das Fischerstechen an Mariä Himmelfahrt. Verkehrsamt Murnau, Kohlgruber Str. 1, 82418 Murnau, Tel. 0 88 41/61 41 11, Fax: 0 88 41/34 91.

Hinter altehrwürdigen Mauern verbirgt sich das Murnauer Schloßmuseum. Hervorragend wird die Geschichte Murnaus und die Entstehung des Murnauer Mooses dokumentiert, die Publikumsmagneten sind jedoch die Gemälde von Gabriele Münter, die der Künstlergruppe „Der Blaue Reiter" angehörte.

Oberammergau

Weltruhm erlangte Oberammergau durch seine Passionsspiele, die auf ein frommes Gelübde von 1633 zurückgehen. Damals wurde der Ort vom „Schwarzen Tod", der Pest, heimgesucht. Mit dem Versprechen der Dorfbewohner, alle zehn Jahre Passionsspiele abzuhalten, hörte das Sterben schlagartig auf. Bis heute erfüllen die Oberammergauer das Gelübde ihrer Vorfahren. Das Städtchen (5200 Einwohner) ist aber auch bekannt für seine traditionsreichen Holzschnitzarbeiten. Diese Handwerkerkunst entwickelte sich aus der Not vieler Oberammergauer, die ihren Lebensunterhalt allein mit der Landwirtschaft nicht bestreiten konnten. Im Heimatmuseum wird ein interessanter Querschnitt durch die Geschichte dieses Kunsthandwerks gegeben.

Oberammergau zählt heute zu den beliebtesten touristischen Zielen Oberbayerns, entsprechend groß ist der Rummel in der kleinen Ortschaft mit ihren unzähligen Souvenirgeschäften. Abseits von der Andenkenmeile konnte Oberammergau jedoch noch seinen alten Charme bewahren. Viele der schönen alten Häuser zieren noch die farbenfrohen, zumeist mit frommen Motiven versehenen Lüftlmalereien. Besonders sehenswert sind die von Franz Seraph Zwinck gestalteten Fassaden. Unbedingt einen Besuch wert ist auch die Pfarrkirche St. Peter und Paul, sie ist

eine der Perlen des oberbayerischen Rokoko. Fremdenverkehrsamt Oberammergau, 82487 Oberammergau, Tel. 0 88 22/ 92 31-0, Fax: 0 88 22/92 31-90. Internet: www.oberammergau.de

Partnachklamm

Ein eindrucksvolles Naturschauspiel bietet ein Besuch der Partnachklamm in Garmisch-Partenkirchen, die vom Skistadion aus zu Fuß oder mit einer Kutschfahrt zu erreichen ist. Durch eine enge Schlucht bahnt sich die Partnach ihren Weg vorbei an bis zu 80 Meter senkrecht in die Höhe ragenden Felswänden. Dem Alpenverein ist die Erschließung der 700 Meter langen Klamm zu verdanken, so daß sie seit 1912 für jedermann zugänglich ist. Bei einer Fahrt mit der Graseckbahn liegen einem die wildzerklüfteten Felsen zu Füßen, vom Forsthaus Graseck empfiehlt sich der einstündige Abstieg zur Partnachklamm zurück nach Partenkirchen.

Unterammergau

Im schönen Ammertal liegt der Sommerferien- und Wintersportort Unterammergau. Lüftlmalereien zieren im schmucken Ortskern die Fassaden der Häuser. Glanzlichter sind das Nußlerhaus (Dorfstr. 125) und das Schulmeisterhaus (Dorfstr. 22), sie wurden beide von dem Lüftlmaler Franz Seraph Zwinck farbenfroh geschmückt. Die barocke Pfarrkirche St. Nikolaus wartet mit üppigen Stukkaturen auf. Etwas außerhalb liegt das anmutige Rokoko-Wallfahrtskirchlein Hl. Blut, dessen zartes Stuckdekor im Innern Franz Xaver Schmuzer zu verdanken ist, der wuchtige Barockaltar stammt von Jonas Um-

bach. Die kunstvollen Deckengemälde fertigte 1779 Franz Seraph Zwinck. Wer sich auf Wandertour zum Pürschlinghaus (1564 Meter) begibt, durchquert die Schleifmühlenklamm, die daran erinnert, daß früher die Wetzsteinherstellung in Unterammergau ein wichtiger Erwerbszweig war. Gemütlich ist der einstündige Spaziergang entlang der Ammer, der durch eine schöne Moorlandschaft nach Oberammergau führt. Verkehrsamt Unterammergau, Dorfstr. 23, 82497 Unterammergau, Tel. 0 88 22/ 64 00, Fax: 0 88 22/9 22 08.

Schloß Linderhof

Das prunkvolle kleine Schlößchen Linderhof ließ sich König Ludwig II. zwischen 1869 und 1878 in der herrlichen Berglandschaft des Graswangtals erbauen. Der bayerische Märchenkönig, der sich immer mehr von den Regierungsge-schäften zurückzog, liebte es, sich in die Gebirgseinsamkeit zu flüchten. Hier hing er der Idee von der absoluten Monarchie nach, die für ihn keiner besser verkörperte als der „Sonnenkönig", Ludwig XIV. So ist das Schloß Linderhof auch als eine Hommage an das große Vorbild Ludwigs II. zu verstehen. Ursprünglich war sogar geplant, hier eine Kopie des Versailler Schlosses zu erbauen, was Ludwig II. jedoch erst einige Jahre später mit dem Bau von Schloß Herrenchiemsee realisieren konnte.

Prunkvolles Neo-Rokoko-Dekor prägt die Gemächer des Schlosses. Am aufwendigsten, einem Thronsaal gleich, ist das Schlafzimmer des Monarchen gestaltet. Auch dies geschah in Anlehnung an Ludwig XIV., der die erste und letzte Audienz des Tages stets vom Bett aus abzuhalten pflegte. Im Zentrum des Besucherinteresses steht jedoch das berühmte „Tischlein-deck-dich", ein versenkbarer Tisch, der es dem Monarchen ermöglichte zu speisen, ohne die Blicke seiner Dienerschaft ertragen zu müssen. Carl von Effner gestaltete die herrliche Gartenanlage, ihm ist es zu verdanken, daß sich Schloß Linderhof fast harmonisch in die Alpenlandschaft einfügt. Die strenge französische Gartenarchitektur um das Schloß herum geht in einen ausgedehnten Landschaftsgarten über. Eingebettet in die Parkanlage findet sich der verspielte Maurische Kiosk, in dem Ludwig II. sich in ferne, orientalische Welten versetzte. Informationen über die aktuellen Öffnungszeiten sind unter Tel. 0 88 22/9 20 30 erhältlich, der Maurische Kiosk und die Hundinghütte sind im Winterhalbjahr geschlossen.

Eine elegante, gegenläufige Treppe führt hinauf zu einem zierlichen Rundtempel, in dem sich eine kleine Venusstatue verbirgt. Von der Anhöhe eröffnet sich ein herrlicher Blick auf Schloß Linderhof. Ursprünglich wollte der Märchenkönig Ludwig II. an dieser Stelle ein Rokokotheater errichten lassen: Pläne, die wie so viele andere nie realisiert wurden.

Wintersport

Deutschlands bekannte Wintersportmetropole Garmisch-Partenkirchen bietet ein vielfältiges Netz von Skiabfahrten der unterschiedlichsten Schwierigkeitsgrade. Sowohl Anfänger als auch geübte Skifahrer kommen hier auf ihre Kosten. Osterfelder, Hausberg, Wank und Kreuzeck mit der durch das Weltcup-Skirennen bekannten Kandaharstrecke sind mit Bergbahnen erreichbar. Auf Deutschlands einzigem hochalpinen Skigebiet, dem Zugspitzplatt, ist der Skisport bis etwa Ende Mai möglich.

Auch Mittenwald ist ein gern besuchter Wintersportort. Mehrere Lifte im Luttensee- und Wildenseegebiet erschließen die Skifelder des Kranzberges. Die längste Skiabfahrt Deutschlands ist mit über sechseinhalb Kilometern Länge die Dammkarabfahrt vom Karwendel. Es ist jedoch nicht sicher, ob sie in Zukunft offengehalten werden kann.

In Oberammergau kann man auf „König Ludwigs Spuren" langlaufen oder auf einer der zahlreichen Pisten ins Tal wedeln. Durch die Täler von Garmisch und Mittenwald können sich Langläufer auf zahlreichen maschinell gespurten Loipen fortbewegen, während das 1995 vergrößerte Olympia-Eisstadion in Garmisch Eisläufer und Eishockeyspieler anlockt. Nähere Informationen über das Wintersportangebot sind bei den Fremdenverkehrsämtern erhältlich.

Wandern

Das Werdenfelser Land ist ein Paradies für Wanderer. So vielfältig wie die Wege sind auch die Anforderungen an die Kondition. Die Spannbreite reicht von gemütlichen Spazierwegen bis zu hochalpinen Touren. Angesichts der guten Markierungen ist es kein Problem, die Orientierung zu behalten. Gemütliche Almhütten und urige bayerische Gaststätten lassen alle Anstrengungen vergessen. In vielen Gemeinden des Werdenfelser Landes werden auch geführte Wanderungen angeboten, die vor allem die Flora und Fauna der Region zum Thema haben. Informationen über Wanderprogramme sind bei den Fremdenverkehrsämtern erhältlich.

Zugspitze

Höher hinauf geht's nicht in Deutschland als auf die 2964 Meter hohe Zugspitze! 1820 setzte der erste Mensch seinen Fuß auf den zum Wettersteinmassiv gehörenden Berg: Joseph Naus, in Erfüllung eines Auftrags zur Alpenvermessung. Heutige Gipfelstürmer sollten unbedingt über eine entsprechende Ausrüstung verfügen, die eigene Kondition nicht überschätzen und den Wetterbericht einholen – sonst kann der Aufstieg schnell zur tödlichen Gefahr werden. Seit 1893 ist der Weg durch das berühmt-berüchtigte Höllental erschlossen, die schönste, schnellste, aber auch gefährlichste Route. Der sieben- bis neunstündige Aufstieg erfordert Erfahrung im Bergsteigen, Schwindelfreiheit und Trittsicherheit.

Am Münchner Haus auf der Gipfelterrasse sonnen sich die Zugspitzfahrer, die ohne Schweißperlen und Muskelkater in zehn Minuten den Berg erobert haben. Seit 1926 bringen die Bergbahnen Hunderttausende von „Halbschuhtouristen" zum „Top of Germany". Empfehlenswert ist bei guter Sicht die Zugspitz-Rundreise: Von Garmisch mit der Zahnradbahn zum Schneefernergletscher auf dem Zugspitzplatt, weiter mit der Gletscherbahn zum Gipfel. Unvergeßlich sind der einzigartige Ausblick in die Täler und die Fernsicht bis zu den Bergen der Nachbarländer. Hinunter ins Tal geht es dann mit der Eibseeschwebebahn. Wer in den Hafen der Ehe

segeln möchte, kann sich im 2600 Meter hoch gelegenen Standesamt in der Gletscherregion das Jawort geben. In der Kapelle ist auch eine kirchliche Trauung möglich. Bayerische Zugspitzbahn Bergbahn AG, Olympiastr. 27, 82467 Garmisch-Partenkirchen, Tel. 0 88 21/79 70, Fax: 0 88 21/79 79 01, Internet: www.zugspitze.de. Informationen über Wetterverhältnisse: Faxabruf 0 88 21/797-0.

Von der Aussichtsterrasse der Zugspitze schweift der Blick bei guter Fernsicht hinüber nach Österreich und in die Schweiz.